Shizuoka

しずおか自転車ツーリング

Cycle

Touring

しずおか銀輪旅への誘《いざな》い

今や全国屈指のサイクリングエリアとして、自転車愛好家たちから親しまれている静岡県。「狩野川１００kmサイクリング」や「浜名湖サイクルツーリング」、他にも「ゆるゆる遠州ロングライド&ガイドライド」など、県内各地で多彩なサイクルイベントが開催され、いずれも多くの参加者でにぎわっていることからも、その盛り上がりがうかがえる。

さらに、２０１２年12月には自転車旅の人気が高まっていることを受けて、掛川観光協会を中心とした5市1町と、狩野川流域の2市1町の観光協会が発起人となり、「静岡県サイクルツーリズム協議会」を設立。今後もますます県内の自転車熱は高まっていくことだろう。

なぜ、静岡県がサイクリストから愛さ

れているのか？　その理由の一つとして、各地域によって地形や気候が異なり、富士山麓や浜名湖沿岸、伊豆半島など、景観豊かなエリアに恵まれていることが挙げられる。これは東西に広い静岡県ならではの特徴だ。

　また、徳川家康や源頼朝ゆかりの名所旧跡や、旧東海道の面影を残す古き良き街並みなど、歴史ロマンを感じさせるスポットが目白押しなのも、さらにその魅力を高めている。

　今回、本書ではそんな静岡県を満喫すべく、東部8コース（山梨県の一部を含む）、中部7コース、西部8コースの計23コースを厳選。ベテラン向けの上級者コースから、サイクリングビギナーでも気軽に楽しめる入門編まで、バラエティに富んだルートを紹介している。

　この本をお供に颯爽とスピードに乗るもよし、のんびりとポタリング気分で回るのもよし。気の向くまま、思いのままに、自分だけの〝静岡コレクション〟を増やしてほしい。

　では、そろそろ出発進行。自転車に乗って、いつもと違う時間と風景に逢いにいこう――。

東部&河口湖〜山中湖（山梨県）

中部

西部

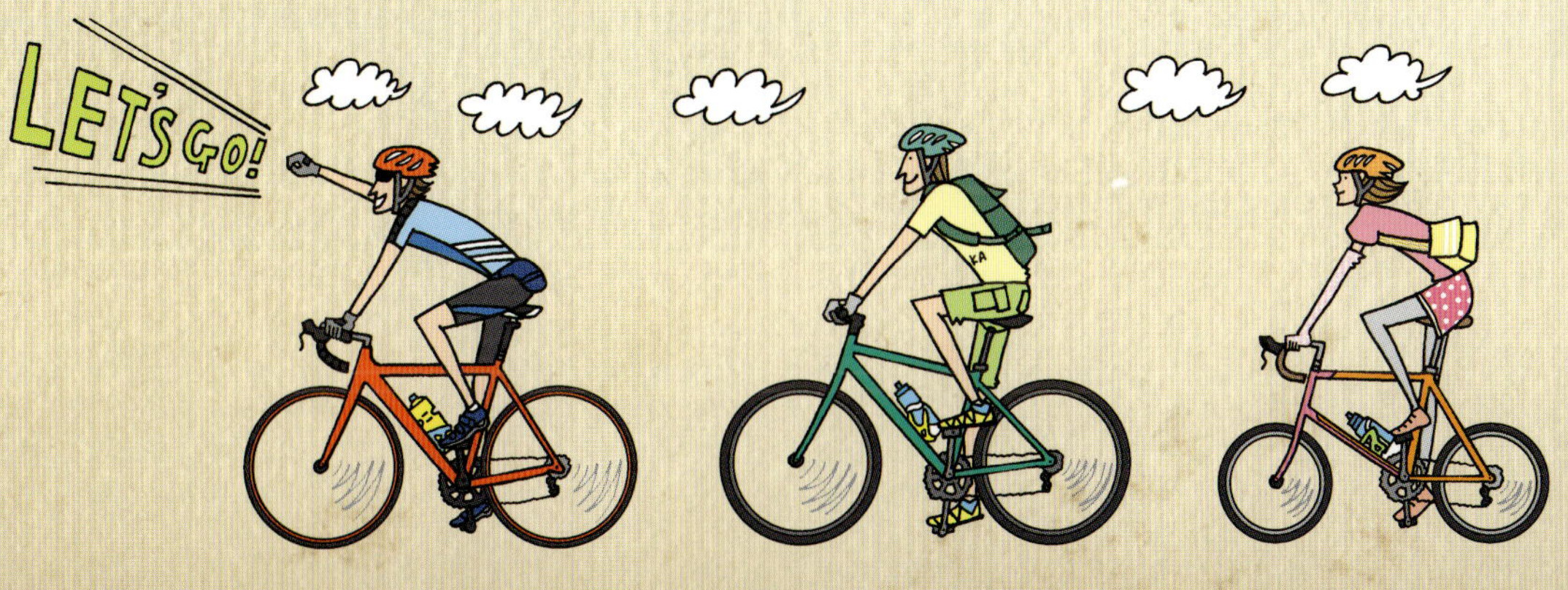

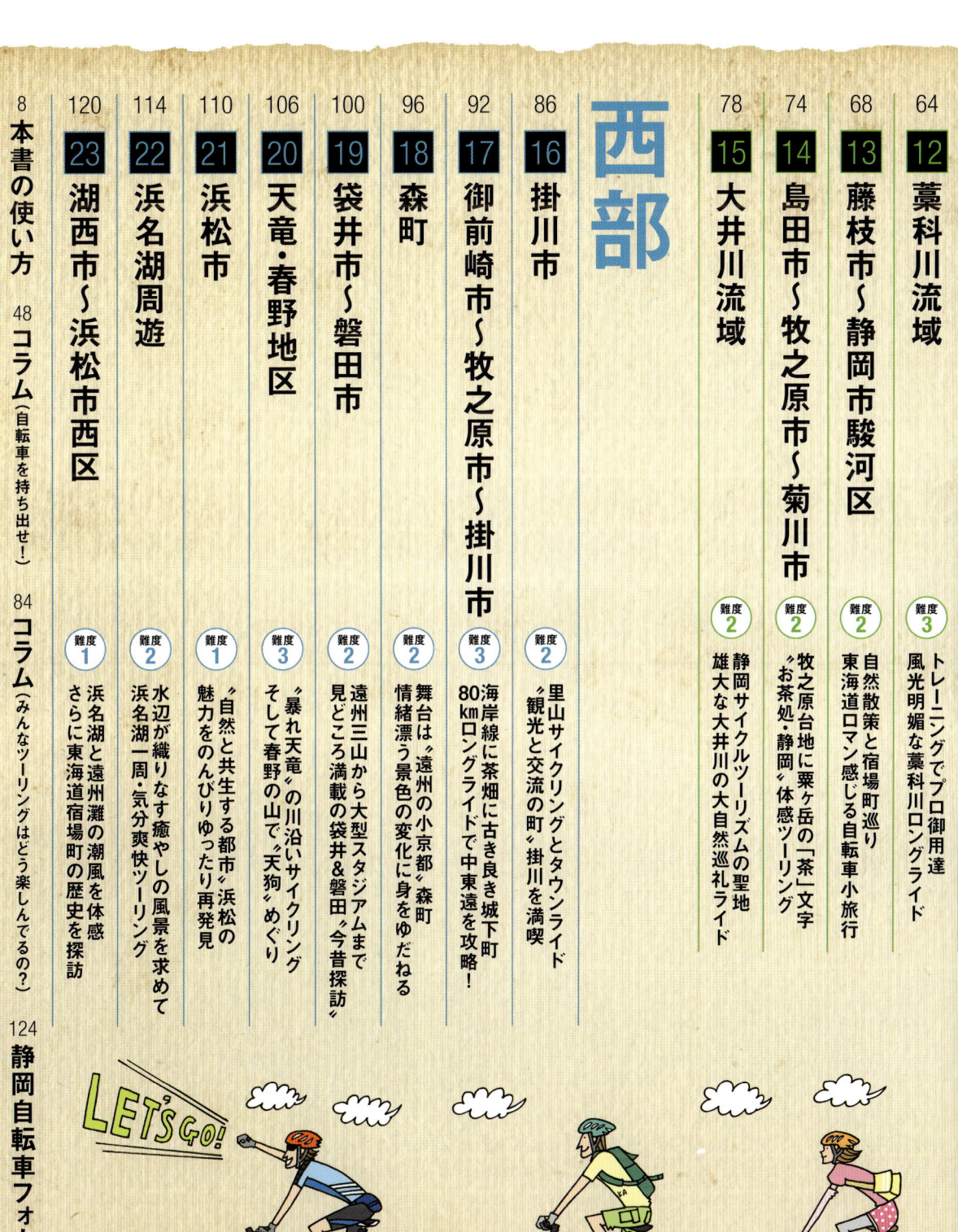

本書の使い方

本書はこれから自転車を始めてみようと思っている初級者から、
中～上級者まで幅広い層のサイクリストの方々を対象に、静岡県内を中心とした23のサイクリングコースを紹介しています。
読者の皆さんが安全で楽しいサイクリングができるよう、走行に際して以下の点にご注意ください。

・自転車は基本的に車道の左側を走行してください
・自転車が走行可能な歩道や自歩道では歩行者優先の上、十分に注意して走行してください
・自転車は軽車両です。信号や一旦停止を守るのはもちろん、夜間のライト点灯など交通規則を必ず遵守してください
・サイクリング中の安全については、読者の皆さんの責任と判断のもとで確保してください

記事について

基本的に初版発行時の2011年3月～2013年5月にかけて、全コースを実走しまとめたものです。
立ち寄りスポット情報は2021年12月時点の内容に更新しています。道路状況、地図上に記載してある駅名等、各施設の名称や位置は変更されている場合があります。地図の細部に関しては縮尺やスペースの関係上、省略している箇所もあります。

❶コースデータ

01 三島市～清水町

難度		起伏	
距離	20.0km	時間	約2時間30分
輪行OK	輪行の場合は、JR「三島駅」スタート		

難度
=「起伏が0の全てのコース」「起伏が1、距離が45km未満」
=「起伏が1、距離が45km以上のコース」「起伏が2、距離が70km未満のコース」「起伏が3、距離が50km未満のコース」
=「起伏が2、距離が70km以上のコース」「起伏が3、距離が50km以上のコース」

起伏 実走を基に、上り下りの総距離と起伏の繰り返しを考慮した1～3段階で算定しています。あくまでも目安としてご理解ください。（ただし、ほぼフラットなコースは0とする）

距離 実走を基に、「Google MAP」上にコースを作成し算出しています。

時間 実走を基に算出していますが、走行スピードや道路状況によって差が出てきます。また、景色などを楽しみながら走ることを想定し、所要時間を多少長めに設定してあります。あくまでも目安としてご理解ください。（食事や小休憩の時間は含まれておりません）

輪行OK 輪行で行ける最寄りの公共交通機関の駅を紹介しています。

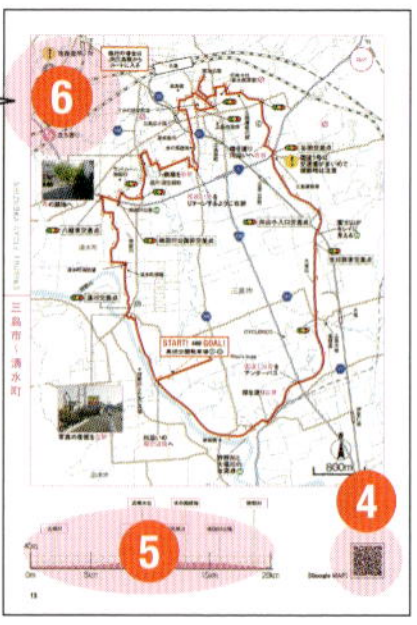

❷コース紹介者

コースの紹介にご協力いただいた、ローカルサイクリストやサイクルショップの方々を掲載しています。なお紹介者が掲載されていないコースは、編集部が制作したコースです。

❸ワンポイントアドバイス

コース紹介者もしくは編集部より、コースを走行する上での注意点や季節の見どころなどを紹介しています。

❹「Google MAP」にアクセス

ここから「Google MAP」の各コースのページにリンクしています。サイクリング中のルートチェックや、縮尺の関係上、省略されている箇所の確認に活用ください。利用方法は事前に「Google MAP」で確認してください。

❺コース標高図

横軸が距離（km）、縦軸が標高（m）を表しています。また、コース上のランドマークとなるスポットを数ヵ所、図上に掲載しています。コース全体のおおよその雰囲気を示すものとしてご覧ください。

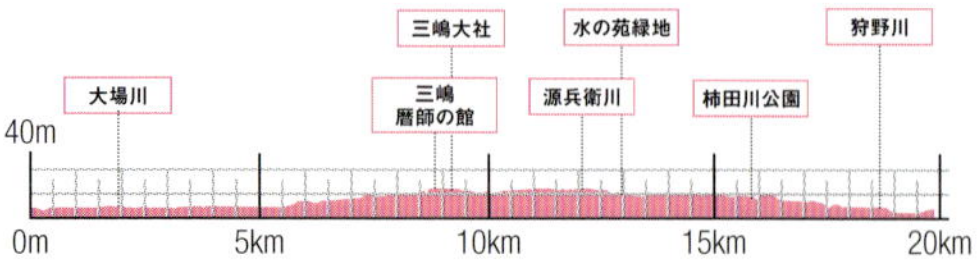

❻主な地図記号

START! ●●駅 =スタート地点に設定された公共交通機関の最寄り駅

GOAL! ●●駅 =ゴール地点に設定された公共交通機関の最寄り駅

START! AND GOAL! ●●●●●● P =スタート・ゴール地点に設定された駐車場

! =急勾配の上り坂・下り坂、交通量の多い道路、横断歩道のない交差点など、走行に際して注意が必要なポイント

C =コンビニエンスストア

P =基点として使用できる駐車場
※駐車場の使用に関しては、各管理者の指示に従い、トラブルの無いようにお願いします。

=無料で使用できる公共のトイレ

=写真撮影に最適なポイント

=コース上ならびに、コース近辺にあるオススメの食事処や甘味処など（価格や営業時間、定休日等は変更になる場合があります）

! 危険箇所
C コンビニ
P 駐車場
トイレ
見どころ
立ち寄り

SHIZUOKA CYCLE TOURING

東部

&河口湖～山中湖（山梨県）

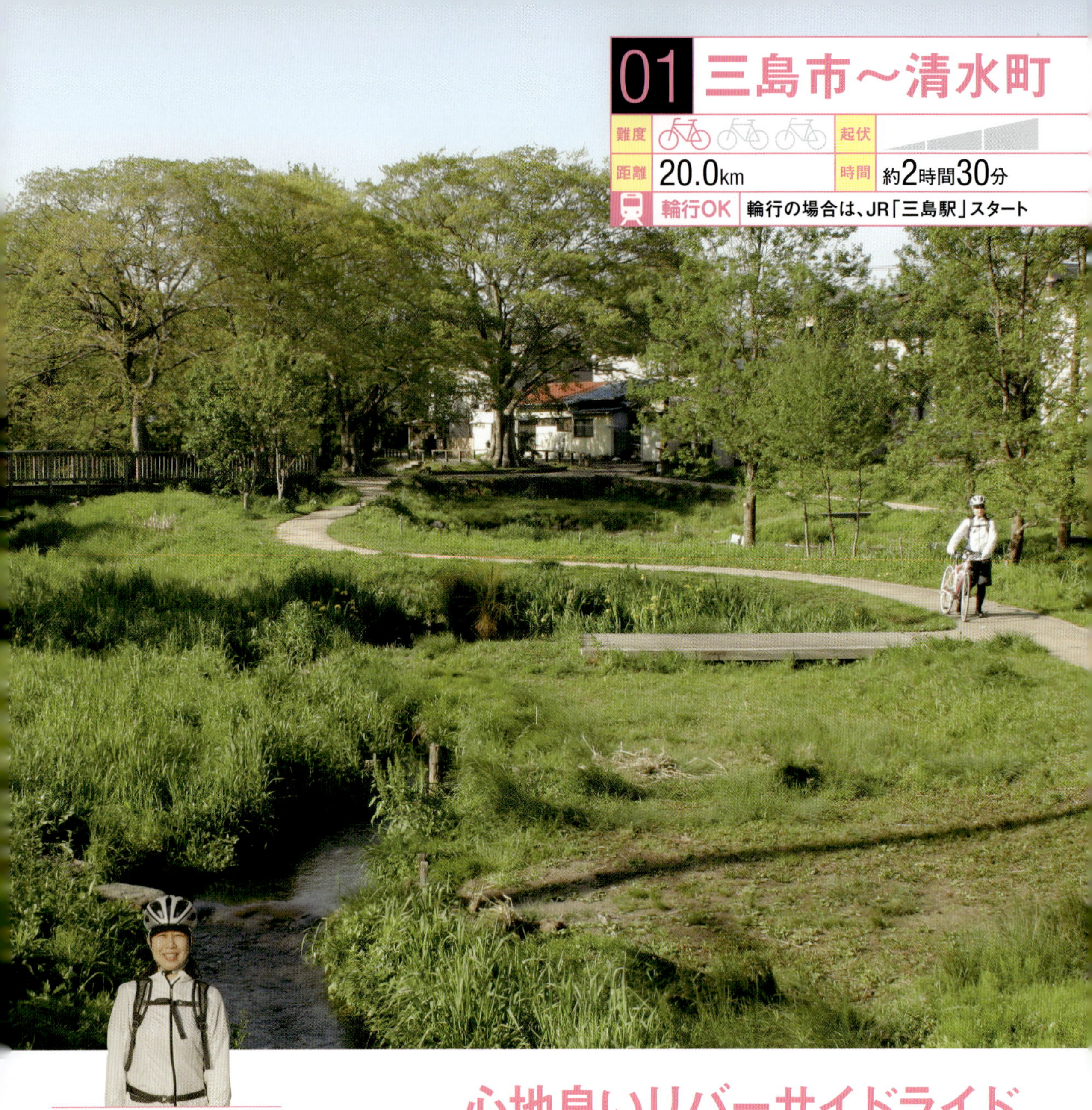

01 三島市～清水町

難度		起伏	
距離	20.0km	時間	約2時間30分
輪行OK	輪行の場合は、JR「三島駅」スタート		

コース紹介者 渡邊久美子さん
渡邊弘さんとともに夫婦でサイクルショップ「CYCLE KIDS」（三島市）を経営。
HP➡http://www.cyclekids.net/

心地良いリバーサイドライド “水の都・三島”をのんびり散策

狩野川から大場川 三嶋大社を目指す

伊豆の玄関口であり、東海道の宿場町として発展した三島の歴史息づく市街地と、狩野川やその支流・大場川、清水町・柿田川公園の自然を満喫しながらゆるやかに回るルート。

スタート地点は「長伏公園」の駐車場。そこから狩野川沿いの堤防道路を南に向かう。富士山を背にして右に狩野川、左に田園というのどかな風景のなかでの走行は、心地良いウォーミングアップになる。

箱根連山などが眺望できる新城橋を横断すると、狩野川と大場川の合流地点が見えてくる。そこからは大場川沿いを走行し、国道136号のアンダーパスを通過して北へ。3月頃なら沿道の菜の花畑が旅人を迎えてくれるだろう。古川橋東交差点を越えて「向山小入口」交差点あたりまで、富士山がキレイに見える絶景ポイントとしてチェックしておきたい。

さらに北上していき、国道1号との交差点を横断。このあたりは交通量が多いので注意しよう。

続いては住宅地の中にひっそりと佇む「三嶋暦師の館」に足を運ぶ。ここは三嶋暦（太陽太陰暦の暦）を明治時代まで発行していた河合家の家屋を改修して造られた建物で、館内には三嶋暦に関する資料が展示さ

狩野川沿いの長伏公園から出発

長伏公園内にはソメイヨシノをはじめとする桜が200本以上植えられており、開花時期には多くの市民でにぎわう。なお、無料駐車場の利用時間は17時まで。

富士山を眺めながら大場川沿いを行く

三島市を北から南へ流れ、田方郡函南町と三島市および沼津市の境界で狩野川に合流する大場川。川沿いでは富士山を正面に見ながら心地良く走行できる。

三嶋暦の歴史や文化に触れる

仮名文字で印刷された暦としては、日本で一番古いものと言われている三嶋暦。実際にここでは三嶋暦の印刷を体験する講座も開かれている。

町のシンボル・三嶋大社

年間を通じて商売繁盛、五穀豊穣を祈る人でにぎわう三嶋大社。境内のキンモクセイの大樹(樹齢1200年)は、国の天然記念物に指定されている。

れ、暦の歴史や文化に触れられる。

そして、近くにある三島のシンボル、「三嶋大社」へ。ここは源頼朝が崇敬し、平家打倒の挙兵に際し、祈願を寄せたことでも知られ、春になるとソメイヨシノが咲き誇り、秋には天然記念物のキンモクセイが見事な花をつけるのも見どころだ。

また、「三嶋大社」のほど近くにある「菰池公園」では園内のあちこちから湧き水が出ており、その透き通る清水の中をコイやアブラハヤ、オイカワなどが泳ぎ回る姿を楽しむことができる。

市街地とは思えない美しい湧水群に触れる

「菰池公園」からは、富士山の湧水が流れる桜川沿いを走行。このあたりは太宰治や若山牧水など、三島にゆかりのある8人の文人たちの作品の碑、「三島水辺の文学碑」が建てられている。文学ファンは必見だ。

この近くで立ち寄りたいのが、三島名物のうなぎ料理が楽しめる「すみの坊本町店」だ。秘伝のたれを使い、贅沢に仕上げた逸品に舌鼓を打とう。

続いて楽寿園の小浜池を水源とし、〝水の都・三島〟を代表する美しい水辺が魅力の「源兵衛川」沿いを走行。このあたりは噴水や水車、揚水ポンプなども設置されており、水辺の

境川・清住緑地 ・・・ 柿田川公園 ・・・ 柿田川 ・・・ 狩野川 ・・・ GOAL!

桜川沿いをのんびり走行

白滝公園向かいの桜川沿いは、透き通る清水のせせらぎを聞きながら、のんびり走るのに打ってつけ。三島駅の近くにこんな癒やしの空間があるのだ。

ホタルに出会える源兵衛川

清涼感漂う源兵衛川は水がきれいなことに加えて、木々の整備も行き届いているので、カワセミや初夏にはホタルなどの姿も時折確認できる。

柿田川湧水群の清水に触れて

柿田川湧水群は名水百選にも選ばれる名水。公園の東に接する憩いの場「泉の館（高野邸）」では、名水を使った蕎麦や豆腐などの飲食店もある。

ラストは再び狩野川沿いへ

東部や伊豆のサイクリストにとって、メッカともいえる狩野川。どこか懐かしさを感じさせる、自然豊かな風景を眺めながら最後は軽やかにゴールイン。

ワンポイントアドバイス

柿田川公園の湧水で水分補給

「水に恵まれた町・三島を満喫できるコースなので、川沿いの涼やかな雰囲気を楽しんでほしいですね。柿田川公園では湧水を汲んで持ち帰ることもできるので、水分補給ポイントにいいと思います」

路地裏では歩行者に注意を

「三島駅周辺のタウンライドは車では行けない路地裏探検気分を味わえます。ただ、車通りは少ないですが、歩行者には十分注意してスピードを考えながら走行してください」

涼やかな雰囲気を楽しみながらのんびり走行できる。源兵衛川の中間地点に位置する「水の苑緑地」では、自転車を手押ししながらその景色を楽しもう。

そして、住宅街を西に進んで「境川・清住緑地」へ。市街地にありながら、所々に湧水点が点在し、トンボや珍しい野鳥、植物が生息する緑豊かなスポットだ。

そこから県道144号を南下し、国道1号沿いにある「柿田川公園」へ。園内の展望台からは、東洋一の湧水量（一日約100万t）を誇る「わき間」を見ることができる。ここに来たらぜひ、実際に湧水広場で水に足を浸して、湧き水の清涼感を味わってほしい。

柿田川公園を後にしたら、国道1号の車通りを避けて「八幡東交差点」を左折して南下。そして最後は出発地点である長伏公園に戻る。

ゴールしたら長伏公園近くの「Woo'sburg」に立ち寄ろう。つくりたて、できたてのハンバーグはすいたおなかを満たしてくれるはずだ。

ルートは全体的に道の起伏が少なく、気軽にタウンライドや川沿いの道で涼やかなサイクリングを堪能できるので、初心者でも楽しめるだろう。

立ち寄りスポット

こしあんでくるんだ名物草餅

『福太郎本舗』

三嶋大社の名物といえば、厳選された餅米と小豆で作られた無添加の草餅「福太郎」。写真はお茶付きセット（200円）。

住所／三島市大宮町2-1-5 三嶋大社境内　定休日／無休
営業時間／平日8:00〜16:30
土日祝8:00〜16:45
問合せ／055-981-2900

三島名物のうなぎはここで

『すみの坊本町店』

昭和33年から営業の秘伝のタレをじっくり染み込ませ、丁寧に焼きあげたうなぎは絶品。写真は並うな丼（3870円）。

住所／三島市本町1-37　定休日／無休
営業時間／11:00〜15:00
16:00〜19:00
問合せ／055-975-0499

肉汁あふれるハンバーグ

『Woo'sburg』

あしたか牛と静岡県産豚肉の合いびき肉を、注文を受けてから成形し、焼き上げる。写真は「ハンバーグわさび醤油」（1210円）。

住所／三島市松本266-1 MSコーポ104号
定休日／月曜、ほか不定休
営業時間／11:00〜14:00
17:30〜19:10
問合せ／055-977-4129

MAP
危険箇所
コンビニ
駐車場
トイレ
見どころ
立ち寄り
輪行の場合は
JR三島駅から
ルートに入る
三島
下土狩
菰池公園
三嶋大社
(福太郎茶屋)
楽寿園
すみの坊本町店
三島広小路
三島市役所
三嶋暦師の館
源兵衛川
水の苑緑地
三島田町
橋を渡り
川沿いへ右折
谷田交差点
国道1号は
交通量が多いので
横断時は注意
三島警察署
三島二日町
サントムーン
柿田川
鉄塔を右折
境川・清住緑地
県道51号を
Uターンするように右折
奥の路地へ
柿田川公園
向山小入口交差点
富士山が
キレイに
見える
八幡東交差点
柿田川公園前交差点
柿田川
清水町
古川橋東交差点
大場川
清水町消防署
清水町役場
狩野川
三島市
湯川交差点
大場
CYCLEKIDS
START! AND GOAL!
長伏公園駐車場
Woo's burg
郵便局
三島大場
狩野川ふれあい広場
国道136号を
アンダーパス
橋を渡り左折
写真の看板を左折
伊豆仁田
川沿いの
堤防道路へ
伊豆ゲートウェイ
函南
新城橋
狩野川と
大場川の
合流点
沼津市
800m
22
144
51
1
136
141
140
11

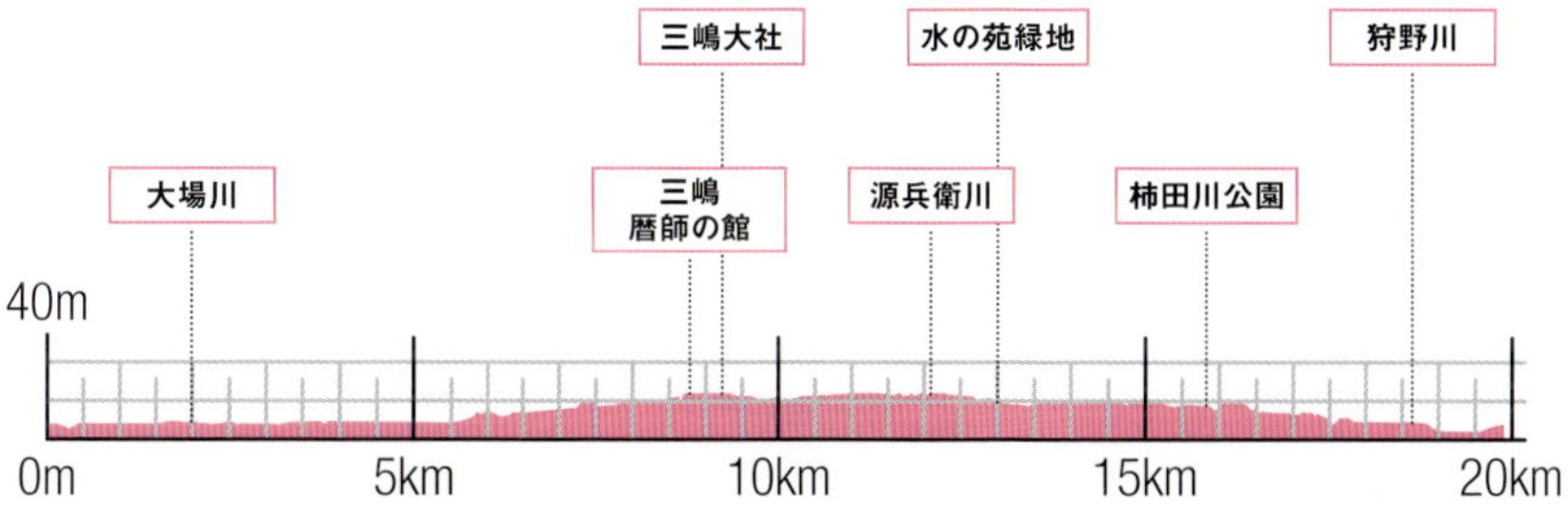
三嶋大社
水の苑緑地
狩野川
大場川
三嶋
暦師の館
源兵衛川
柿田川公園
40m
0m
5km
10km
15km
20km

[Google MAP]

02 伊豆の国市

難度	🚲🚲	起伏	
距離	46.8km	時間	約4時間

輪行OK　輪行の場合は、伊豆箱根鉄道駿豆線「伊豆長岡駅」スタート

コース紹介者　山下康晴さん

会社員、伊豆の国市観光協会職員を経て、山あいのまちへ移住。地域の魅力を活かしたE-bikeによるまちめぐり事業などに携わっている。
HP➡https://potabi-toei.com/

源頼朝ゆかりの地・伊豆の国 狩野川の大自然体感サイクリング

頼朝ゆかりの地を巡り歴史ロマンに思いを馳せる

源頼朝の挙兵の地として知られる伊豆の国。その頼朝ゆかりの歴史スポットをはじめ、南北に流れる狩野川沿いの自然や、淡島を望む海沿いの道など、走っていて飽きのこないルートがここだ。

まずは道の駅「伊豆のへそ」をスタートして国道414号を北上。狩野川堤防の自歩道（自転車歩行者道）を穏やかな風を受けながら走行する。このあたりは条件が揃えば、川面に美しい〝逆さ富士〟を拝むこともできる。

大門橋と新大門橋をアンダーパスし、狩野川沿いの自然を感じながらさらに北へ。そして、右回りで市街地へ入ると北条氏ゆかりの「願成就院」に到着。この後方には頼朝が1180年、源氏再興を祈願して挙兵したことで有名な「守山八幡宮」がある。

願成就院を後にして東へ。住宅街を抜けて国道136号を横断する時、ここは車通りが多いので注意しよう。そして、実際に稼働した反射炉として世界で唯一現存する「韮山反射炉」へ。ここは売店や食事処も備えた「蔵屋鳴沢」が隣接しているので、小休憩にも便利だ。

続いて県道136号を北上。雄大な富士山を眺めながら田園と住宅街

START! AND GOAL!

伊豆の真ん中「伊豆のへそ」

狩野川と荒々しい山肌の岩山・城山を背に位置し、地図で見ると伊豆の真ん中“へそ”のように見えることから命名された道の駅。宿泊施設、レストラン等を併設している。

源頼朝の戦勝を祈願して建立

1189年、北条時政が源頼朝の奥州征伐戦勝を祈願して建立した願成就院。その後も北条氏の栄華を誇った寺として知られ、国宝の運慶作諸像などを保管。

“いずっぱこ”の踏切では一時停止を

地元では“いずっぱこ”の通称で知られる伊豆箱根鉄道駿豆線。三島～修善寺間を結ぶ伊豆半島のローカル鉄道で、風情ある駅舎も数多く、ドラマのロケに使われることも。

©伊豆の国市観光協会

世界文化遺産「韮山反射炉」

幕末、欧米諸国の開国要請に対抗して江戸を守るために、第36代江川太郎左衛門が幕府に進言して築いた大砲鋳造炉。隣接する「蔵屋鳴沢」の茶園の展望台からは、富士山と韮山反射炉のダブル世界遺産を望むことができる。

を走行していくと、左側に平治の乱で平清盛に捕らえられた源頼朝の流刑の地として知られる「蛭ヶ島公園」が見えてくる。ここは、無料休憩所「蛭ヶ島茶屋」が併設されており、お茶のサービスをはじめ、蕎麦やおでんなど軽食も楽しめる。

そこから東へ進み、「城池親水公園」を過ぎると、江戸時代に天領伊豆の代官を務めた江川家の邸宅「江川邸」に到着。第36代江川太郎左衛門英龍は特に名代官として知られ、パン製造など多大な業績を残している。

そして、幻の精進料理「国清汁《こくしょうじる》」発祥の地である「国清寺《こくせいじ》」を目指して北上。昔懐かしい佇まいの建物が多く建ち並ぶ、奈古谷地区の景観を楽しみながら進むと、荘厳な雰囲気の国清寺に到着。この先に位置する、頼朝に挙兵をすすめた文覚上人が建立した「毘沙門堂」も観光スポットだが、上り坂が続くので余裕がある方は足を運んでみては?

狩野川放水路から海岸線 伊豆長岡の温泉街へ

再び走って来た道を戻り、今度は西に進路を取る。伊豆箱根鉄道の踏切を注意して横断すると、国道136号から松原橋を渡って、江間川沿いへ。そして、伊豆中央道の高架下のトンネルをくぐり、県道134号から長塚橋を渡ると、狩野川放水路が

内浦海岸線 → 伊豆長岡温泉 → 大仁橋 → 狩野川 → GOAL!

立ち寄りスポット

地ビール製造から製茶直売まで

『蔵屋鳴沢』

敷地内には土産処やレストランも併設。写真の香ばしい香りとほのかな苦みが特徴のほうじ茶ソフトは350円。

住所／伊豆の国市中272-1
定休日／無休
営業時間／みやげ館9:00〜17:00
問合せ／055-949-1208

駿河湾の活魚料理を手頃な値段で

『おさかな食堂 やまや』

民宿も併設している食事処。金目鯛の炙り丼（1820円）は特に絶品。

住所／沼津市内浦三津199-4
定休日／水曜日（祝日の場合は営業）
営業時間／11:30〜14:30、17:00〜19:00（予約状況等により、店休日・営業時間が変更となる場合がある）
問合せ／055-943-2128

安くておいしい「ながお菓まんじゅう」

『柳月』

大正五年創業の老舗。ながお菓まんじゅう（1個60円）は、内閣総理大臣賞を受賞した逸品。地元の人にも愛されている。

住所／伊豆の国市長岡1078-1
定休日／無休（要問い合わせ）
営業時間／7:00〜18:00
問合せ／055-948-0151

狩野川放水路を眺めて

狩野川放水路は古くから多発していた水害を防止するために、14年の歳月をかけて1965年7月に完成。放水路に沿って遊歩道が整備されている。

淡島と富士山が見える絶景スポット

気持ちのいい潮風にあたりながら海岸線をひた走ると淡島が見えてくる。さらにその後ろには富士山の姿も拝めるここは、このコース最大の絶景スポット。

表情豊かな伊豆長岡温泉街

昔ながらの歓楽街の雰囲気も残す一方、写真の「あやめ小路」のような情緒豊かな表情も見せる伊豆長岡温泉街。のんびりと走るのに最適。

対岸には岩肌の目立つ城山が

狩野川沿いを走ると、対岸には城山（標高342・2m）の姿が。この山はロッククライミングの練習場としても知られる。

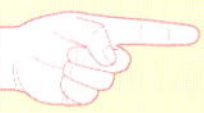

ワンポイントアドバイス

いずっぱこ×富士山

「伊豆箱根鉄道の踏切は絶好の撮影スポットです。富士山をバックに、ちょっと懐かしい感じの伊豆箱根鉄道の写真が撮れます。あとは、素材の味を生かした『蔵屋鳴沢』のソフトクリームがオススメです!」

市街地では特に車に注意

「観光地なので、海沿いのコースや国道など、休日には交通量が多くなるポイントがあるのでご注意を。トンネルを通過するポイントもありますので、ライトの装備は忘れずに!」

見えてくる。このあたりは見晴らしがいいので、ゆったりと走って景色を楽しむのに向いている。

　その後、海沿いの県道17号を、潮風に当たりながら南下。海を挟んだ右側に望む淡島を越えたあたりで、新鮮な活魚料理で知られる「やまや」が見えてくるので、ぜひ海の幸を堪能してほしい。特に金目鯛炙り丼は伊豆の金目を漬けにして炙った逸品だ。

　そして、「やまや」の角を東に向かって方向転換。旧内浦小学校前を通り過ぎ、上り坂を越えて山へと入っていく。さらに下り坂をスピードに注意しながら進むと、伊豆長岡温泉街へ。このあたりはレトロ感満載の看板も多く、情緒たっぷりな街並みなので、散策気分で走るのに打ってつけ。ただし、交通量も少なくないため、走行中はくれぐれも注意しよう。

　伊豆長岡、古奈の温泉街を楽しんだ後は、千歳橋手前を右折し狩野川堤防道路へ進み一路南下。歩行者には注意が必要だが、川沿いの道を心地良く走ることができる。

　熊坂橋を左折後、国道136号を横断。城山の岩肌を眺めながら、大仁橋を渡って狩野川沿いを北上し、道の駅「伊豆のへそ」に到着。

　穏やかな気候に抱かれた伊豆の国市の山や海、そして多彩な観光スポットを楽しめるルートなので、初級者にもチャレンジしてもらいたい。

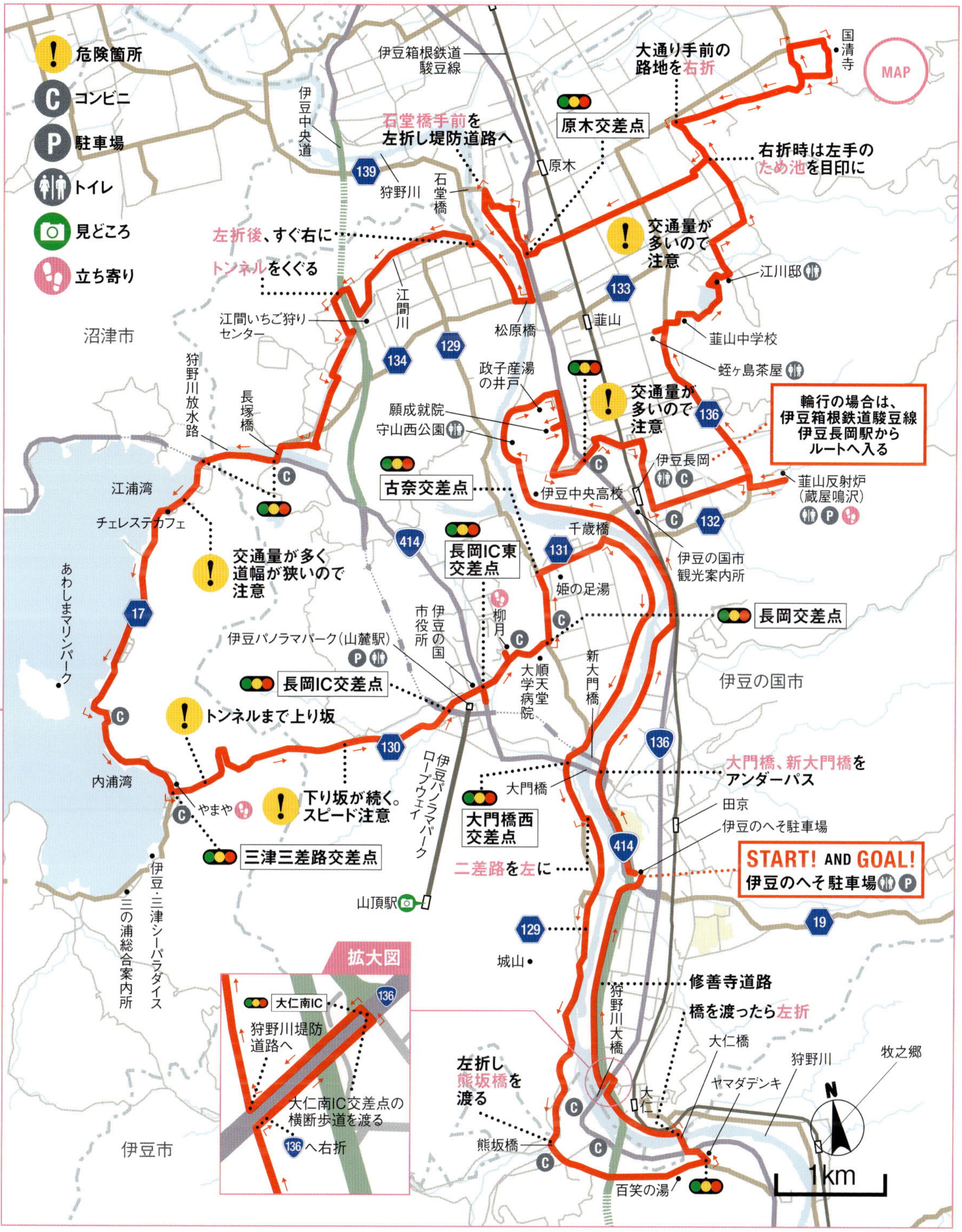
危険箇所
コンビニ
駐車場
トイレ
見どころ
立ち寄り
MAP
伊豆箱根鉄道駿豆線
伊豆中央道
石堂橋手前を左折し堤防道路へ
原木交差点
原木
大通り手前の路地を右折
国清寺
右折時は左手のため池を目印に
交通量が多いので注意
狩野川
石堂橋
左折後、すぐ右に
トンネルをくぐる
江間川
江間いちご狩りセンター
松原橋
韮山
江川邸
韮山中学校
蛭ヶ島茶屋
沼津市
狩野川放水路
長塚橋
政子産湯の井戸
願成就院
守山西公園
交通量が多いので注意
輪行の場合は、伊豆箱根鉄道駿豆線伊豆長岡駅からルートへ入る
伊豆長岡
韮山反射炉（蔵屋鳴沢）
江浦湾
古奈交差点
伊豆中央高校
チェレステカフェ
千歳橋
伊豆の国市観光案内所
交通量が多く道幅が狭いので注意
長岡IC東交差点
姫の足湯
あわしまマリンパーク
伊豆の国市役所
柳月
長岡交差点
伊豆パノラマパーク（山麓駅）
順天堂大学病院
新大門橋
長岡IC交差点
伊豆の国市
トンネルまで上り坂
伊豆パノラマパークロープウェイ
大門橋
大門橋、新大門橋をアンダーパス
内浦湾
下り坂が続く。スピード注意
大門橋西交差点
田京
やまや
伊豆のへそ駐車場
三津三差路交差点
二差路を左に
START! AND GOAL!
伊豆のへそ駐車場
伊豆・三津シーパラダイス
三の浦総合案内所
山頂駅
城山
拡大図
大仁南IC
狩野川堤防道路へ
大仁南IC交差点の横断歩道を渡る
136へ右折
修善寺道路
橋を渡ったら左折
狩野川大橋
大仁橋
狩野川
牧之郷
左折し熊坂橋を渡る
ヤマダデンキ
大仁
伊豆市
熊坂橋
百笑の湯
1km
N
139 134 129 133 136 414 131 132 17 130 19

[Google MAP]

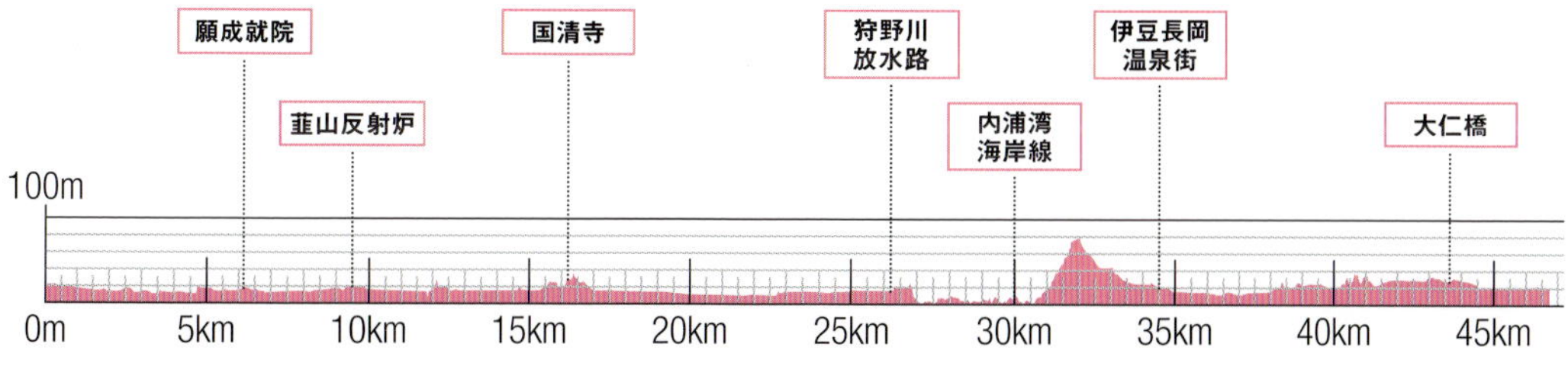
願成就院
韮山反射炉
国清寺
狩野川放水路
内浦湾海岸線
伊豆長岡温泉街
大仁橋
100m
0m
5km
10km
15km
20km
25km
30km
35km
40km
45km

03 伊豆市

難度	🚲🚲🚲	起伏	
距離	69.2km	時間	約6時間

輪行OK　輪行の場合は、伊豆箱根鉄道駿豆線「大仁駅」スタート

4つの滝を軸に 伊豆の豊かな表情を楽しむ旅

コース紹介者　山口正美さん

「自転車の国 サイクルスポーツセンター」勤務。高校時代はレスリングで国体出場も果たしたスポーツマン。修善寺在住。
HP➡http://www.csc.or.jp/

雄飛滝から萬城の滝へ 涼しげなわさび田も満喫

狩野川とその支流を辿りながら、修善寺や天城を巡るルート。キーポイントとなるのは、それぞれ異なる表情を見せる4つの滝だ。

スタート地点となるのは、無料の駐車場を備える「狩野川記念公園」。ここから狩野川の支流、山田川沿いを西へ進み、さらに分岐した小山田川沿いを走ると、次第に道幅の狭い林道となる。そして、やや急勾配の坂を上っていくと、全長30mの「雄飛滝」に到着する。岩肌を縫うように落ちていく幾筋もの水が、涼を誘う二段の滝だ。滝壺までの道は細くて急な階段なので足下には要注意。

続いて狩野川記念公園までルートを戻り、大仁を通過し、狩野川沿いを南へ。川の流れを眺めながら広い自歩道をしばらく進み、修善寺橋をアンダーパス。大見川にかかる狩野橋を渡り、県道12号の対岸の道を東へ。

富士山の見晴らしのいい小川橋を渡ると、県道12号を横断。畔道から民家が連なる細い道を抜け、再び県道を渡って南下していく。「梅木発電所」を横目にペダルを漕ぎ、大見川沿いを走行すると、中伊豆の農産物直売所「大見の郷　季多楽」があり、そこで休憩。自家製豆乳はノド越しもいいので、ぜひ堪能したい。原保地区からなだらか

START! 雄飛滝 → 修善寺橋 → 萬城の滝 → 国士峠 → 天城会館 → 浄蓮の滝

START! AND GOAL!

狩野川台風復興記念の象徴

昭和33年の狩野川台風の復興記念として、最も被害の大きかったこの地に建設された公園。グラウンドやテニスコートなども完備。

修善寺橋の高架下を抜けて直進

修善寺駅のすぐ近くにかかる真っ赤な修善寺橋。狩野川の間近を走るこのあたりの自歩道は広く、春には桜も楽しめる。

伊豆を代表する瀑布・萬城の滝

かつて滝の裏側を見られたことから「裏見の滝」とも呼ばれた萬城の滝だが、現在は崩落により裏側は見られない。毎年8月には「萬城の滝祭り」も開催される。

見晴らし抜群の田園風景

原保（わらぼ）地区あたりの田園風景、そして遠くの山々を眺めていると、自然にペダルを漕ぐ足も軽やかに。後ろを振り返れば富士山の姿も見える。

な坂を越え、地蔵堂川沿いを辿っていくと伊豆を代表する瀑布「萬城の滝」に到着。天城の山々から湧き出る水を集めて流れ落ちる様子は圧巻だ。

萬城の滝を後に、一路西へ。道幅が狭く見通しの悪い県道59号を進むと、「静岡県棚田等十選」のひとつになっている筏場のわさび田に着く。その後は急勾配な林道がしばらく続くので、ここは頑張りどころ。そして、国士峠を越えると、曲がりくねった急な下り坂となるのでスピードには注意しよう。

文豪の愛した天城・湯ヶ島 風情漂う修善寺の温泉街

湯ヶ島地区に入り、フラットな道を軽快にペダルを漕いでいくと、展示施設の「天城会館」が見えてくる。萬城の滝からここまではトイレが無いので、小休憩ポイントとしてチェックを。

ここから本谷川沿いの国道414号を南へ走り、日本の滝100選にも名を連ねる「浄蓮の滝」へ。滝の周囲に生い茂る原生林と、勇壮な水の音が神秘的な雰囲気を漂わせている。

向かい側には、郷土料理、ジビエ料理の店で知られる「伊豆の佐太郎」があり、名物の「伊豆鹿」を使った紅葉丼は、激坂を上がってきたサイクリストには最高のご褒美になるだろう。浄蓮の滝を後にしたら、本谷川と

GOAL! ・・・ 修善寺温泉 ・・・ 旭滝 ・・・ 吉奈温泉 ・・・ 出会い橋

立ち寄りスポット

濃厚なあじわい
『大見の里 季多楽』
中伊豆の総産物直売所。工具の貸出や公衆無線LANもある。オススメはノド越しのいい自家製「豆乳」(100円)。

住所/伊豆市柳瀬252-1
定休日/無休
営業時間/9:00~16:00
問合せ/0558-83-2636

名物料理を堪能
『伊豆の佐太郎』
名物の「伊豆鹿・猪肉」を使った郷土料理などメニューも豊富。オススメは伊豆鹿を使った「紅葉丼」(1870円)。

住所/伊豆市湯ヶ島2859-29
定休日/木曜日(要問い合わせ)
営業時間/11:00~17:00
問合せ/0558-85-0534

人気メニューは完売にご注意
『Bakery&Table 東府や足湯カフェ』
写真左の「米粉のカレードーナツ」は、自家製カレールーにひと手間加えたゆで卵がまるごと入った人気の一品(380円)。

住所/伊豆市吉奈98　定休日/第2・第4木曜日(年末年始等繁忙期は営業)
営業時間/平日・土曜日10:00~17:00
日曜日・祝日9:30~17:00
問合せ/0558-85-1000

名曲「天城越え」にも登場する浄蓮の滝
石川さゆりの歌にも登場する名瀑。滝の脇にはその歌碑がある。また、滝壺には女郎蜘蛛の化身が棲むという伝説も残っている。

空海開湯の伝説が残る修善寺温泉
空海が独鈷(とっこ=仏具)で岩を砕いて開湯したという伊豆最古の湯「独鈷の湯」。ほかにも桂川沿いの「竹林の小径」もぜひ散策してほしい。

出会い橋に幸せの予感あり
出会い橋は「男橋」と「女橋」の二つを合わせた呼称。男性は男橋を、女性は女橋を渡れば、向こうから来た人が運命の人になるという言い伝えがある。

「東府や」の足湯テラスでホッと一息
吉奈にある温泉旅館の一つ「東府や」には足湯テラスのついたベーカリーカフェがあり、森林の香りや川のせせらぎを楽しみながら小休憩するのに最適。

ワンポイントアドバイス

健脚向けの山岳コース
「山岳コースとして健脚のサイクリスト向けのコースになるので、休憩はこまめに取ってください。所々で富士山や天城連山が眺望できたり、涼やかな滝から伝わる爽快感を味わえたりと、気分をリフレッシュさせてくれます」

狩野川上流部で川遊びも可能
「狩野川の上流部は自然豊かで、夏にはキャンプや川遊びも楽しめます。また、天城会館ではビアンキのレンタサイクルの貸出も行っているため、コースをアレンジすれば、初級者でも十分楽しめると思いますよ」

猫越《ねっこ》川が合流し狩野川になる通称「出会い橋」と呼ばれているロマンチックなスポットへ。ここではぜひ、自転車を手押しして、川のせせらぎを聞きながら散策してみよう。

再び自転車にまたがり、西に向けて出発。県道59号を進み、持越地区集会所付近を右折して北へ。このあたりは道幅が狭く、曲がりくねった急勾配の下り坂もあるので注意が必要。そして県道124号沿いをしばらく進むと、奈良時代から続き、〝子宝の湯〟として知られる伊豆最古の温泉・吉奈温泉一帯が見えてくる。

その後、国道414号に出たら一路北上。国道136号との合流に気を付けながら、さらに北へ進み、脇道に入ると「旭滝」に到着。全長105m、6段に折落する滝の姿は圧巻だ。

続いては修善寺の温泉街に足を延ばす。桂川沿いに広がるこの一帯は、風情漂う旅館が建ち並び、どこか懐かしい温泉情緒を感じさせてくれる。また、このあたりは鎌倉時代に源氏興亡の舞台となった地なので、歴史的名所も多い。

最後は狩野川沿いを走って、狩野川記念公園に到着。急勾配のアップダウンを繰り返す中・上級者向けのルートだが、その疲れも滝や温泉地の景観が癒やしてくれるだろう。

MAP
危険箇所
コンビニ
駐車場
トイレ
見どころ
立ち寄り
START! AND GOAL!
狩野川記念公園駐車場
輪行の場合は、
伊豆箱根鉄道駿豆線
大仁駅から
ルートへ入る
雄飛滝
大仁
狩野川防波堤道路へ
牧之郷
大仁橋
横瀬交差点
修善寺橋
交通量が
多いのでご注意
修善寺橋をアンダーパス
修善寺
防波堤道路を降りる
修善寺中学
修善寺I.C交差点
伊豆市役所
修善寺温泉
修善寺
拡大図
塩谷ダイカスト
START! AND GOAL!
狩野川記念公園
駐車場
中伊豆
宅急便
センター
ローソン
旭滝
狩野川
小川橋を
左折し渡る
信号を右折
コメリ
小川橋
梅木発電所
コメリの
十字路を
右へ
季多楽
田舎道
が広がる
突き当たりを左折。
橋を渡り右折し
川沿いを進む
伊豆市
出口交差点
月ヶ瀬I.C交差点
道の駅「月ヶ瀬」
原保郵便局
萬城の滝へは
左折（看板アリ）
吉奈入口交差点
小戸橋製菓
急な下り坂
国士峠
（看板アリ）
萬城の滝
東府や（吉奈温泉）
湯ヶ島宿交差点
わさび田が広がる
天城会館
拡大図
たつた
旅館
出会い橋
（看板アリ）
初音
谷川の湯
あせび野
火の見やぐら手前を右折
出会い橋
浄蓮の滝
伊豆の佐太郎
2km
N

雄飛滝
国士峠
吉奈温泉
修善寺温泉
萬城の滝
浄蓮の滝
旭滝
500m
0m
5km
10km
15km
20km
25km
30km
35km
40km
45km
50km
55km
60km
65km
70km

[Google MAP]

04 下田市～南伊豆町

難度		起伏	
距離	54.8km	時間	約5時間30分
輪行OK	輪行の場合は、伊豆急行「伊豆急下田駅」スタート		

県内随一の歴史情緒が魅力の下田
南伊豆の街・海・山を満喫

異国情緒漂う下田を のんびりタウンライド

歴史ロマンに彩られた下田市と南伊豆町を巡るルート。いまも情緒溢れる街並みを残す下田の観光スポットや、〝伊豆三大美浜〟の一つに数えられる弓ヶ浜、そして断崖絶壁が見事な石廊崎など、変化に富んだ景色を楽しめる。

まずは下田駅から道の駅「開国下田みなと」を回り市街地へ。瓦屋根やなまこ壁が美しい歴史を感じさせる街並みを走ると、海風にのって干物の香りが漂ってくるところが、なんとも港町らしい。道の駅「開国下田みなと」には、ひものや海産物など、下田の名産品がズラリ。観光案内所もあるので活用したい。

そして、下田といえば有名なのが、黒船でやってきたペリー提督が海兵隊を率いて行進した道である「ペリーロード」。いまは趣のある店が建ち並んでいる。

ペリーロードを後にしたら、ペリー艦隊来航記念碑を横目に、穏やかな波を感じつつ走行を楽しもう。そして、なだらかな海沿いの道に別れを告げ、国道136号線を一路西へ。このあたりはコース中、最も交通量が多いので、走行には十分注意しよう。

続いて田牛入口交差点を左折し、

START!

輪行バッグを引っ提げて下田駅へ

南伊豆の玄関口として利用客の多い伊豆急下田駅。毎週土曜の早朝には駅前で地元の旬野菜や、下田ならではの手作り食品が販売される“山の朝市”も開かれている。

市街地ではなまこ壁の建物に注目

下田と言えば防火壁として使われていたなまこ壁と伊豆石造りの建物が見所。町内には史跡が多く、特に唐人お吉の小料理屋「安直楼」の佇まいは歴史を感じさせる。

見所たっぷりのペリーロード

ペリー提督が了仙寺での日米下田条約締結の時に歩いたとされる道。石畳の小道沿いに古き良き時代とモダンがミックスしたおしゃれな店やギャラリーが点在する。

見事な自然の造形美・竜宮窟

頭上の穴から光が差し込み、神秘的な空間を演出する竜宮窟。下まで降りる階段はビンディングシューズでは危険なのでスニーカーなどの持参がオススメ。

南下していくと「竜宮窟」で有名な竜宮公園に到着。波の浸食によって形成された竜宮窟は〝二穴洞窟〟と呼ばれ、海へ通じる横穴と空へ通じる縦穴が特徴。その縦穴はハート型にも見えるため、「大地がつくった神秘のハート」として、カップルからの人気も高いスポットだ。

そのまま田牛の海岸線を進み、民家の並ぶ小道へ。ここからは先ほどの海沿いとは打って変わり、草木の生い茂る山道となるので、森林浴を楽しみながら走行できる。

下田市から南伊豆町に入り、さらに南下していくと、白浜、今井浜と並んで〝伊豆三大美浜〟に数えられる「弓ヶ浜海水浴場」が見えてくる。〝日本の渚百選〟に数えられる弓なりの砂浜を眺めながら束の間の休息を取った後は、弓ヶ浜大橋を左へ渡り、県道16号を南へ進もう。

交通量が比較的減った道を進んでいくと、左側に産地直送の新鮮な魚介類がウリの「伊豆漁協南伊豆支所直売所」の看板が見えてくる。ここは干物や南伊豆らしい土産品などもあるので、ぜひ覗いてみて。

そして、16号をしばらく西に走行。大瀬を越えて相模灘の潮風を受けながら海岸沿いを走ると、アロエを使ったオリジナルの健康食品などを販売する「南伊豆アロエセンター」に到着する。世界中のアロエ、約100種

**波音を聞きながら
田牛海岸沿いを疾走**

田牛海岸沿いを潮風に吹かれながら疾走。国道136号を外れれば車の交通量も減るので、心地良い波音を聞きながら、ペダルを漕ぐリズムもさらに軽快に。

**“伊豆三大美浜”
弓ヶ浜でひと休み**

抜群のロケーションの弓ヶ浜は波も穏やかで、海水浴場としても人気。白砂とヤシの木、青い海とのコントラストに思わず気分も癒やされる。

を展示する施設でいろいろな形のアロエを観察しつつ、サッパリした甘みがクセになるアロエソフトクリームを味わって欲しい。

石廊崎からの絶景を楽しみ千人風呂で疲れを癒やす

南伊豆アロエセンターからさらに西へ走り、伊豆半島最南端に位置する岬「石廊崎」に向かう。ここのシンボルとも言える石廊埼灯台は、駐車場に自転車を置いて徒歩20分ほどの断崖上にあるため、ビンディングシューズだと少々きついかもしれないので注意しよう。

ただ、上り切った先に待っているのは、その疲れを吹き飛ばすような絶景。険しく切り立つ断崖絶壁に波が打ち寄せるダイナミックな様子や、眼前に蓑掛岩と神子元島、そして遠くに伊豆七島まで見渡せる大海原の光景は感動モノだ。

石廊崎を後にし、トンネルを抜けて急勾配の坂を上ると、草木が生い茂る山道に入る。そして、16号のなだらかな坂を下り、右カーブにさしかかると奥石廊に位置する「南伊豆町ジオパークビジターセンター」に到着。ここでは太古の昔の火山活動で生まれた伊豆半島のジオポイントを紹介しており、地学的に極めて興味深い伊豆半島の成り立ちを学ぶことができる。

また、「あいあい岬」という愛称で呼ばれる奥石廊の展望スポットは、石廊崎と並ぶ南伊豆の景勝地なので、絵に描いたような幻想的な景色を楽しんでほしい。

ここからは16号を北上。トンネルを3つくぐると、しばらく上り坂となる。そして、山間の林道をスピード

GOAL! ・・・ 金谷旅館 ・・・ 一条川 ・・・ 下賀茂温泉 湯の花 ・・・ あいあい岬 ・・・

立ち寄りスポット

産地直送の新鮮魚介類
『伊豆漁協南伊豆支所直売所』

金目鯛やアワビなど、新鮮な魚介類をお手頃価格で販売、一番人気は伊勢エビ。

住所／賀茂郡南伊豆町手石877-18
定休日／不定休
営業時間／9:00〜16:00
問合せ／0558-62-2804

世界中のアロエ（約100種）を展示
『南伊豆アロエセンター』

サッパリと食べやすい味で評判のアロエのソフトクリーム（300円）は、この本を持参すると1割引きにしてくれる。その他、スキンケアやヘアケア商品も充実。

住所／賀茂郡南伊豆町大瀬573-1
定休日／無休
営業時間／8:30〜16:30
問合せ／0120-100-535

観光案内所を併設
『道の駅 開国下田みなと』

海産物の製造販売。ひものや漁協・農協の直売所など下田の名産品がズラリ。回転寿司レストランも併設。

住所／下田市外ヶ岡1-1
定休日・営業時間／店舗によって異なる
問合せ／0558-25-3550

GOAL!

伊豆急・蓮台寺駅でゴール

趣のある外観の蓮台寺駅。電車の到着時間によっては、近くの金谷旅館でちょっとひとっ風呂、旅の疲れを流しながら時間調整するのもよい。

石廊埼灯台からの光景は迫力十分

石廊埼灯台は明治4年にイギリス人ブラントンが設計。岬の先端にある縁結びの神を祀る石室神社は床が一部ガラス張りで、真下に海が見える。

ⓒ伊豆半島ジオパーク推進協議会

石廊崎と並ぶ景勝地・あいあい岬

あいあい岬展望台からの光景は日没時も魅力的。

河内温泉・千人風呂の金谷旅館

江戸末期から130余年続く有名旅館。伊豆一の木造大浴場「千人風呂」と、木造の女湯としては国内最大級の「万葉の湯」が名物（入浴料1000円）。

ワンポイントアドバイス

ひと足早い早春ライドを

「年末年始に開催される下田の『水仙まつり』、2月上旬から3月にかけて開催される南伊豆町『みなみの桜と菜の花まつり』の時期は、一足早く春の訪れを感じながらサイクリングを楽しめるのでオススメです」

に気をつけながら下っていき、差田の交差点を過ぎると、ここからは国道136号を東へ走行。川沿いの路地へ右折し、自歩道から直接、道の駅「下賀茂温泉　湯の花」に入る。休憩施設として押さえておきたいところ。

　ここからはもうひと踏ん張り。県道119号には、上り甲斐のある坂道が二度にわたって登場する。まずは一条川に沿って北上し、日枝神社を過ぎたあたりから八声トンネルまで、急勾配の坂が続く。なお、このトンネル内で南伊豆町から下田市となる。

　さらに119号を進むのだが、海岸線のアップダウンを乗り越えてきた身体にはこたえる上り坂となるので、気合いを入れてペダルを踏んでほしい。

　この後はゴールまでフラットな道が続く。119号から市街地に入ったら、伊豆急下田駅を通り過ぎて国道414号を北上。稲生沢川沿いの側道に入り、ゴール地点となる伊豆急蓮台寺駅を目指す。近くには千人風呂で有名な「金谷旅館」があるので、疲れを癒やして帰るのもいいだろう。

　港町特有の開放的な雰囲気を味わいながら、海岸線や田舎の裏道なども楽しめる飽きのこないルートとなっている。

MAP
危険箇所
コンビニ
駐車場
トイレ
見どころ
立ち寄り
南伊豆町
下田市
GOAL!
伊豆急蓮台寺駅
START!
伊豆急下田駅
金谷旅館
本郷橋交差点
川沿いの側道へ
（うなぎ亭友栄が目印）
下田市役所
下田ロープウェイ
とうきゅう
下田消防署
大賀茂小
Uターンするように
国道136号に左折
開国下田みなと
ペリー艦隊来航記念碑
下田海中水族館
国道136号は交通量が多いので注意
田牛入口交差点
東海バス停留所（前の浜）を右折
田牛サンドスキー場
竜宮公園（竜宮窟）
田牛海水浴場
新湊橋交差点
弓ヶ浜海水浴場
突き当たりを左折
下賀茂交差点
南伊豆町役場
下賀茂温泉湯の花
川沿いの路地へ右折
横断歩道なし注意
伊豆漁協
南伊豆支所
直売所
差田交差点
加納交差点
あいあい岬
（南伊豆町ジオパーク
ビジターセンター）
石廊埼灯台
南伊豆アロエセンター
2km
拡大図
START!
伊豆急下田駅
←…往路
→…復路
下田消防署
岩下
とうきゅう
中島橋
河井医院
下田小
了仙寺
ペリーロード
開国下田みなと

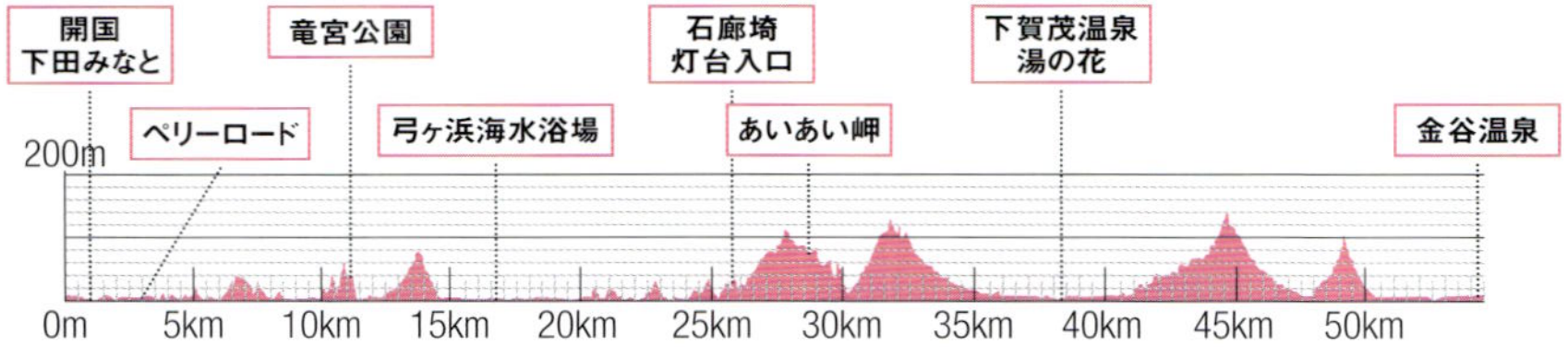
開国
下田みなと
ペリーロード
竜宮公園
弓ヶ浜海水浴場
石廊埼
灯台入口
あいあい岬
下賀茂温泉
湯の花
金谷温泉
200m
0m
5km
10km
15km
20km
25km
30km
35km
40km
45km
50km

[Google MAP]

05 松崎町～南伊豆町

難度	🚲🚲🚲	起伏	
距離	57.3km	時間	約6時間30分

コース紹介者 河村健一さん

「自転車でもっと地球をおもしろく!」をテーマに、アウトドアツアーの企画や運営を行う「アロハバイクトリップ」の代表。
HP➡http://www.alohabike.com/

咲き誇る花々が美しい松崎町
伊豆の海岸線は走り応え十分！

花咲き誇る那賀川から
レトロな町並みの松崎町へ

"花とロマンの里"松崎町のなまこ壁の街並みなどレトロな風景を楽しむタウンライドから、蛇石峠付近の激坂へのトライアル、そして伊豆半島西部の海岸沿いのアップダウンを楽しむ、中・上級者向けのルート。

出発地点となるのは「大沢学舎」や「三聖会堂」など、松崎町の歴史に触れられる無料施設を備えた道の駅「花の三聖苑」。そこから花見の名所としても知られる那賀川沿いの桜並木を眺めながら、県道15号を西へ走行する。

その道すがら通る昭和6年創業の「梅月園　桜田店」は、松崎銘菓のさくら葉餅が有名な菓子処。糖分補給用に買っておくのもオススメだ。さらに15号を進むと、懐かしさを感じる田園風景の中に、一面のワイルドフラワー畑が見えてくる。農閑期の3月上旬～GWにかけ、田んぼを花畑にして観光客を楽しませているのだ。近くには足湯も設けられ、花を眺めながらくつろげるのも嬉しい。

しばらく進むと、松崎町の中心部へ。昔ながらのなまこ壁が魅力的な街並みを眺めつつ、「明治商家　中瀬邸」に足を運ぶ。ここの母屋では呉服問屋の再現や伝統工芸などの実演も行っている。付近にはほかにも、「と

松崎の歴史を紹介する道の駅

広い敷地を持つ花の三聖苑。写真の大沢学舎は、松崎の三聖人の一人、依田佐二平が私財を投じて開校した公立小学校。現在は郷土の資料が展示されている。

桜並木が有名な那賀川沿い

約6kmにわたり、1200本の桜が植えられている那賀川沿い。3月下旬から4月中旬の桜の開花期間中は、約900mの区間で夜間に一定時間ライトアップされる。

岩科川のせせらぎを聞きながら

天然鮎のメッカでもある岩科川のせせらぎを聞きながら、心地良い風を受けて走行。なお、松崎町の中心部を出るとトイレがないので注意を。

明治時代の暮らしを体感。明治商家・中瀬邸

明治初期、呉服商家として建てられた中瀬邸。数代のうちに財を成し、大地主となったが、昭和63年に七棟からなる邸宅を町が買いとり、現在は観光スポットとなっている。

きわ大橋」や時計塔、「伊豆の長八美術館」など、松崎の文化を体感できるスポットが揃っているので、興味のある方は覗いてみよう。

市街地を後にすると、蛇石峠に向けて県道121号を一路南へ。はじめはアップダウンも少ないが、永禅寺を過ぎて那賀川水系の岩科川沿いあたりになると、徐々に上り坂が増えてくる。小川のせせらぎが心地良く耳に響くが、このあたりは断続的なヘアピンカーブ、そして急勾配な上り坂が見られ、走りごたえ十分な〝アドベンチャーライド〟といったところだ。

アップダウンが続く西伊豆の海岸線

蛇石峠を過ぎて集落に入ると、フラットな道が続く。そして青野川沿いをしばらく走ってから、県道119号へ右折し、西を目指す。子浦海水浴場付近で、布海苔を天日干しする漁村らしいのどかな風景に出会った後は、国道136号へ。そして、このルートで一番長い上り坂を越えて、北上していく。

このあたりは日本一のマーガレットの産地であることから「マーガレットライン」と呼ばれ、海を眺めながら伊豆の海岸線特有の激しいアップダウンを楽しむシーサイドライドを体感して欲しい。

GOAL! ・・・ 岩地温泉 ・・・ 雲見大橋 ・・・ 展望広場 夕日ヶ丘 休憩所 ・・・ マーガレットライン

立ち寄りスポット

銘菓さくら葉餅は絶品

『梅月園 桜田店』

全国の約8割の生産している、松崎特産の桜葉を使用したさくら葉餅(1個160円)。桜葉の塩味と餡のバランスが絶妙!

住所/賀茂郡松崎町桜田149-1
定休日/不定休
営業時間/8:00〜19:00
問合せ/0558-42-0010

アジア雑貨も取り扱うレストラン

『ティハール』

ネパールカレーを中心にコーヒーやトーストなどの軽食も楽しめる。鶏ハムベーグルサンド(550円)は自家製の鶏ハムを使用。

住所/賀茂郡南伊豆町伊浜 2132-19
定休日/水・木曜日(年末年始・祝祭日は営業)　営業時間/10:00〜18:00 (7/20〜9/20は9:00〜19:00)
問合せ/0558-63-2777

味もボリュームも満点!

『地魚 さくら』

あじまご茶定食(1575円)は、地真あじのたたきを半分食べたら、残りはアツアツのご飯に載せてから魚のスープをかけて召し上がれ!

住所/賀茂郡松崎町松崎22-3
定休日/不定休
営業時間/11:00〜23:00
問合せ/0558-43-1532

蛇石峠では急カーブに気をつけて

松崎町と南伊豆町の境に位置する蛇石峠(標高約350m)。車通りは少ないが、ヘアピンカーブでは見通しが悪いので対向車に注意しよう。

国道136号から駿河湾を望む

南伊豆町の子浦から松崎町の雲見まで結ぶ延長12.3kmの道路、マーガレットライン。美しい海と、サイクリスト泣かせのアップダウンが楽しめる。

雲見の象徴・烏帽子山

雲見は温泉街であり、旅館やオートキャンプ場が点在。この地域を象徴するものといえば烏帽子山(標高163m)。その山頂付近には雲見浅間神社がある。

ウコン色に染まった岩地の景観

岩地の集落の建物は、町作りの一環でウコン色の屋根とアイボリーホワイトの壁が多く見られ、「東洋のコートダジュール」と呼ばれている。

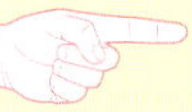

ワンポイントアドバイス

潮風を感じつつ坂を上るべし!

「海沿いの道はフラットだと思われがちですが、西伊豆の海岸線はなかなかハードなアップダウンも多いので、坂好きにはオススメのルートです。潮風を感じながら上り切ってください」

イチオシはあじまご茶定食

「蛇石峠付近をはじめ、体力を消耗するルートですが、最後には疲労回復がてら『さくら』に寄ってみてください。特に自家製ところてんの食べ放題もついたあじまご茶定食はオススメです!」

このまま北に向かい、山あいの道を進んでいくと、左側に駿河湾に沈む夕日を眺められる「夕日ヶ丘休憩所」が見えてくる。その向かいにあるのが、ネパール料理が名物の「ティハール」。カレーの他にコーヒーやトーストも楽しめるので、小腹のすいたサイクリストにオススメ。ティータイムにも打ってつけだ。

その後、コーナーカーブのある坂に気をつけながら136号を北上し、「雲見大橋」を横断。このあたりは駿河湾越しに富士山が望める、伊豆半島屈指の景勝地なのでチェックしてほしい。そして、起伏に富んだ海岸線を越えていくと、岩地の集落と白砂で遠浅の美しい岩地海岸が見えてくる。

海岸沿いから宮の前橋を渡って、再び松崎町の中心部へ。ここでぜひ立ち寄ってほしいのが「地魚 さくら」だ。「伊豆の長八美術館」の向かいにある人気店で、アジやサバなど新鮮な地魚をボリューム満点で提供してくれるので、海の幸を思う存分堪能できる。

そして県道15号を行きとは反対方向に走行し、「花の三聖苑」でゴール。少し足を延ばして旧依田邸内の町営温泉施設「大沢温泉依田之庄」があり、サイクリングの疲れを取るのもいいだろう。

MAP
START! AND GOAL!
花の三聖苑伊豆松崎駐車場
危険箇所
コンビニ
駐車場
トイレ
見どころ
立ち寄り
59
136
15
115
121
119
町営明治商家 中瀬邸
松崎町役場
マックスバリュ
梅月園 桜田店
桜田交差点
那賀川
松崎町観光協会
さくら
岩地温泉
岩科郵便局
石部交差点
烏帽子山
雲見大橋
雲見温泉
岩科川
松崎町
蛇石峠
急カーブが多く上り坂が続く
南伊豆町
三島神社
自動販売機
松崎町中心部より20km以上WCなし
慈眼寺
県道119号へ右折
ティハール
マーガレットライン
一町田交差点
展望広場夕日ヶ丘休憩所
長い上り坂が続く
南上小
子浦海水浴場
2km
N
拡大図
町営明治商家・中瀬邸
観光協会 松崎町
マックスバリュ
さくら
宮の前橋
←…往路 →…復路

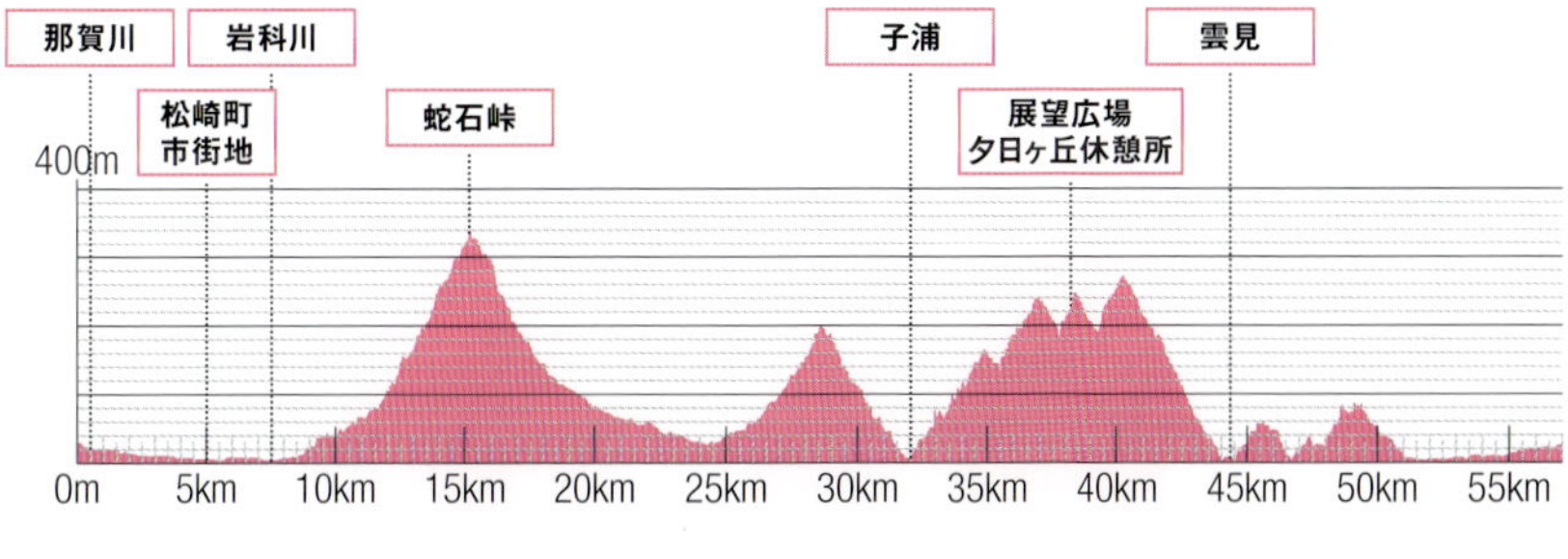
那賀川
岩科川
松崎町 市街地
蛇石峠
子浦
展望広場 夕日ヶ丘休憩所
雲見
400m
0m
5km
10km
15km
20km
25km
30km
35km
40km
45km
50km
55km

[Google MAP]

06 富士宮市

難度		起伏	
距離	43.4km	時間	約5時間
輪行OK	輪行の場合は、JR「富士宮駅」スタート		

大自然に恵まれた“富士山のまち”
湖に滝に桜、富士宮の名所を行く

コース紹介者 **蜂須賀守政**さん

自転車歴は17年。休日はもちろん現在は通勤でも自転車を使用。富士宮駅東にあった喫茶店ハーモニー元店主（現在は息子がカレー店「籠と風呂敷」を営む）。

まずは浅間大社にお参り そして潤井川沿いを疾走

古来より地理的にも文化的にも富士山と深い関わりを持つ富士宮市。その富士山の恩恵を受けた湧水や、逆さ富士で知られる「田貫湖」、そして絶景が見事な「白糸の滝」などを巡るルート。

富士山世界遺産センター近くの市営駐車場「神田川観光駐車場」をスタートしたら、ここからすぐ北側に位置する、全国１３００余りの浅間神社の総本宮である「富士山本宮浅間大社」を通過。本宮の境内には徳川家康が全国の名大工を集めて造営させたと言われている本殿や拝殿（ともに重要文化財）などが現存。毎年5月の流鏑馬《やぶさめ》祭、11月の秋の例大祭には10万人もの人が訪れ、にぎわいを見せる。

西富士宮駅を通り過ぎ、西に少し走った場所にあるのが、市内に数ある湧水の中のひとつ「よしま池湧水」。住宅街の中にひっそりとある湧水池というのも、なかなか風情がある。

続いて、市内を南北に流れる潤井川沿いを北上。連なる桜並木が途切れたところで左折、県道１８４号へ。適度な坂を上り、林間道を抜けてしばらく走ると、日蓮正宗の寺院「下之坊」に到着する。境内には藤棚が張り巡らされており、毎年4月下旬から5月にか

START! AND GOAL!

スタート直後！ 屈指の絶景を拝む

市営神田川観光駐車場は浅間大社まで徒歩5分、富士山世界遺産センターまで徒歩2分の好立地。6時半〜22時入出庫可で3時間200円、以降1時間100円。

住宅街の中にある“富士の恵み”

よしま池湧水は日量約27,600t（年平均）の湧水量を持つ湧水池。水中生物や水鳥もいるが湧出の勢いが強く、湧出したての水を取水することができる。

晴れた日は富士も眺められる大倉川ダム

農林水産省の補助事業として1975年に施工されたダム。ダム湖に注ぐ滝や、干上がったダムで見られる古びた取水口など、味のある雰囲気。

富士山を眺めつつ潤井川沿い（西側）を疾走

潤井川の川岸沿いは、春には桜並木と潤井川、そして富士山を同時に眺めながら走ることができる。

けて見頃を迎える藤の名所だ。

さらにペダルを漕いでいくと、田んぼの中にポツンと佇む牧場直営のスイーツ店「ティコ」の看板が見えてくる。新鮮な牛乳を使ったアイスなどスイーツでひと休みしよう。

その後も県道を北に進み、勾配の厳しい坂を越えて「熊久保農村公園」へ。この公園内では、芝川上流から水を引いた半野用水が流れ落ちる、「朝日滝」が見物。滝見台もあるので、滝の音に耳を傾けながら、涼やかな雰囲気を体感しよう。

次なるスポットは静岡県が所有する「大倉川ダム」。治水専用なので普段は水を溜めず、洪水時に活用されるこのダムは、天端から雄大な富士山を望むことも可能だ。

富士宮やきそばに舌鼓 白糸の滝の美しさに感動

大倉川ダムから住宅街を抜けて、さらに北上。田貫湖の標識を左折すると、ややアップダウンのある林間道に入る。そして「天子の森 オートキャンプ場」を通り過ぎると、このコース随一の急な勾配の坂が出現する。これを上り切って田貫湖が見えてきたら、どの客室からも富士山の眺めを楽しめる宿泊施設「休暇村富士」に到着。ここでは富士山を一望できる富士田貫湖温泉「富士山恵みの湯」で日帰り入浴（11時〜14時）を利

©休暇村富士

日本有数の“逆さ富士”のスポット

富士山の全景を真東に仰ぐ田貫湖。晴れた日には水面に富士山が上下反転した形で映り込む「逆さ富士」が美しい。湖畔ではキャンプや釣りも楽しめる。

幾筋もの絹糸を垂らしたような景観

日本観光百選「滝の部」1位の白糸の滝。流れ落ちる富士山の伏流水が絹糸のように女性的で美しい景観を見せる。マイナスイオンを浴びてリフレッシュしよう。

用するのもオススメだ。

田貫湖は周囲4㎞の人造湖で、広大な朝霧高原の一角に位置する。湖畔には桜やツツジ、北側には広葉樹林が広がり、富士山をバックに四季折々で趣のある表情を見せてくれる。特に湖に映る逆さ富士は有名で、4月20日前後と8月20日前後の約1週間は、富士山頂から朝日が昇って光輝くダイヤモンド富士を見るために、多くの人々が訪れる。

ほとりには公営キャンプ場もあり、初夏になると南側テントサイト周辺でホタルを観察できる。

田貫湖を後にし、県道414号の下り坂をスピードに注意しながら南下し、「まかいの牧場」へ。ここは富士山を望む大自然の中、20種類以上の動物たちと触れ合えるスポットで、バター、ソーセージ、チーズ作りなど体験メニューも豊富。売店では新鮮な自家製牛乳やヨーグルトを堪能してほしい。

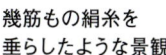

まかいの牧場前にある国道139号から、県道71号に横断する道路は、一部が未舗装なので要注意。そして71号に入り、なだらかな道を南へ軽快に進むと、左手に地元でも評判の焼きそば・お好み焼きが味わえる食事処「むめさん」が見えてくる。富士宮といえば、〝B級グルメの王様〟富士宮やきそば。コシのある麺の食感と食欲をそそるソース味で元気をチャージしよう。

腹ごしらえをした後は、日本の観光百選にも選ばれ、国の名勝及び天然記念物としても知られる「白糸の滝」に足を運ぶ。高さ20m、幅150mにも及ぶ湾曲した溶岩壁から、無数の白い糸のような滝が流れ落ちる光景には

GOAL! ・・・ 富士山本宮浅間大社 ・・・ 大石寺 ・・・ 狩宿の下馬桜 ・・・ 白糸の滝 ・・・

頼朝が陣を構えた日本五大桜の一つ

「狩宿の下馬桜」は1193年に源頼朝が「富士の巻狩り」を行った際、狩宿の井出家に本陣を置き、この桜の前で下馬したことに由来。開花は4月中旬頃。

大石寺付近の桜アーチを疾走

大石寺付近の広い道の両脇には大きな桜の木が植えられていて、春先には見事な桜のアーチとなる。自転車で走るには絶好の桜スポット。

芝桜と富士山のコラボレーション！

国道469号の大石寺近く、一面に広がる色鮮やかな芝桜。その奥に咲くソメイヨシノ、そして富士山とともに眺めれば、思わず気持ちもはなやいでくる。

富士山が御神体の浅間神社の総本宮

春には御神木でもある500本の桜が咲き誇る浅間神社。境内には富士山の雪解け水が湧く「湧玉池」（国指定特別天然記念物）があり、御霊水としていただける。

ワンポイントアドバイス

北部は5月まで桜を楽しめる

「富士宮は市域の高低差が日本一ある街なので、地区によって気候の差異があります。なので、自転車で北上すれば桜も5月まで花見を楽しめるのが嬉しいですね」

富士山の裾野まで見渡せる

「富士山が裾野まで見られるのも富士宮ならではの魅力です。いろいろな富士山の姿を見られる分、つい見とれすぎてよそ見運転にならないようくれぐれもご注意を！」

立ち寄りスポット

毎日しぼりたての牛乳を使用

『ティコ』

自家製牛乳を使ったクレープやアイスが好評。写真はバナナチョコ生クリーム（480円）。

住所／富士宮市下条282
定休日／月曜日（祝日は営業）
営業時間／10:00～17:00
（7月～9月 17:30）
問合せ／080-6900-4081

朝霧高原の幸が集合

まかいの牧場内売店

自家製ノンホモ牛乳や、生乳100%ヨーグルトなど、新鮮な商品がウリ。

住所／富士宮市内野1327-1
定休日／12月～3月20日までの水・木曜日と年末休み
営業時間／9:30～17:30（11月21日～3月20日は16:30まで）
問合せ／0544-54-0342（まかいの牧場）

B級グルメの定番を堪能

『むめさん』

看板商品はB級グルメとして名高い富士宮やきそばは並500円から各種ある。モチモチした麺がなんとも美味！ お好み焼きも人気。

住所／富士宮市上井出854-50
定休日／火・第3水曜日（祝日を除く）
営業時間／10:30～19:00
問合せ／0544-54-1161

見とれるばかりだ。

ここからさらに県道を南下。左側に富士山を眺めながら田園を抜けて、国の特別天然記念物「狩宿の下馬桜」へ。この桜は推定樹齢800年を超えるアカメノシロバナヤマザクラの古木で、「日本五大桜」に数えられるほど姿が美しいことで知られる。また、この敷地内にある「井出館」は江戸中期の貴重な建物で、源頼朝が富士山麓で巻狩りを行った際、本陣を置いた場所とも言われている。

その後、しばらく南に進み、少し勾配が急な坂を上ると「大石寺」付近に出る。ここの境内にはソメイヨシノ5000本、枝垂れ桜150本が植えられており、表塔中の枝垂れ桜を含め、桜の名所として名を馳せている。

そして、国道469号との交差点、大石寺三門近くでは、富士山をバックにして遠くにソメイヨシノ、近くの斜面には芝桜がピンクの絨毯のように咲き誇る絶景スポットがあるので押さえておきたい。

後は一気に南下、林間道を抜け、住宅地の一部せまい道を注意しながら進行し、ゴール地点となる「富士山本宮浅間大社」に到着。

この富士宮ルートは道の勾配も全般的に適度で、かつ富士の恵みを受けた豊かな観光スポットやグルメもあり、サイクリストが気軽に楽しめるコースといえるだろう。

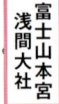

MAP
危険箇所
コンビニ
駐車場
トイレ
見どころ
立ち寄り
2km
突き当たりを右折
田貫湖
休暇村富士
田貫湖キャンプ場
逆さ富士撮影ポイント
まかいの牧場
富士ミルクランド
突き当たりを右折
大型車も通るので注意
小田急西富士ゴルフ倶楽部の看板が目印
ゴルフ場の間の道路を横断
「天子の森オートキャンプ場」方面に進む
田貫湖の標識を左折
むめさん
上井出交差点
富士宮市
白糸の滝
上井出IC
狩宿の下馬桜
大倉川ダム
朝日滝（熊久保農村公園）
写真の十字路を左折
ここから急な上り坂
県道184号へ（標識あり）
精進川
大石寺
大石寺バス停を過ぎたら左折。横断歩道がないので注意
上野中学校
ティコ
上野郵便局
芝桜×富士山
北山インター
下之坊
突き当たりを左折し、一つ目の十字路を右折
突き当たりを右折
県道184号へ左折し橋を渡る
潤井川
富士山本宮浅間大社
浅間大社前交差点
浅間大社南交差点
潤井川を右折
西富士宮駅
よしま池湧水
富士宮駅
稲子駅
START! AND GOAL! 神田川観光駐車場
輪行の場合は、JR富士宮駅からルートへ入る
拡大図
←…往路
←…復路
浅間大社前交差点
START! AND GOAL! 神田川観光駐車場
浅間大社南交差点
71
139
75
414
72
469
184
182
180
76

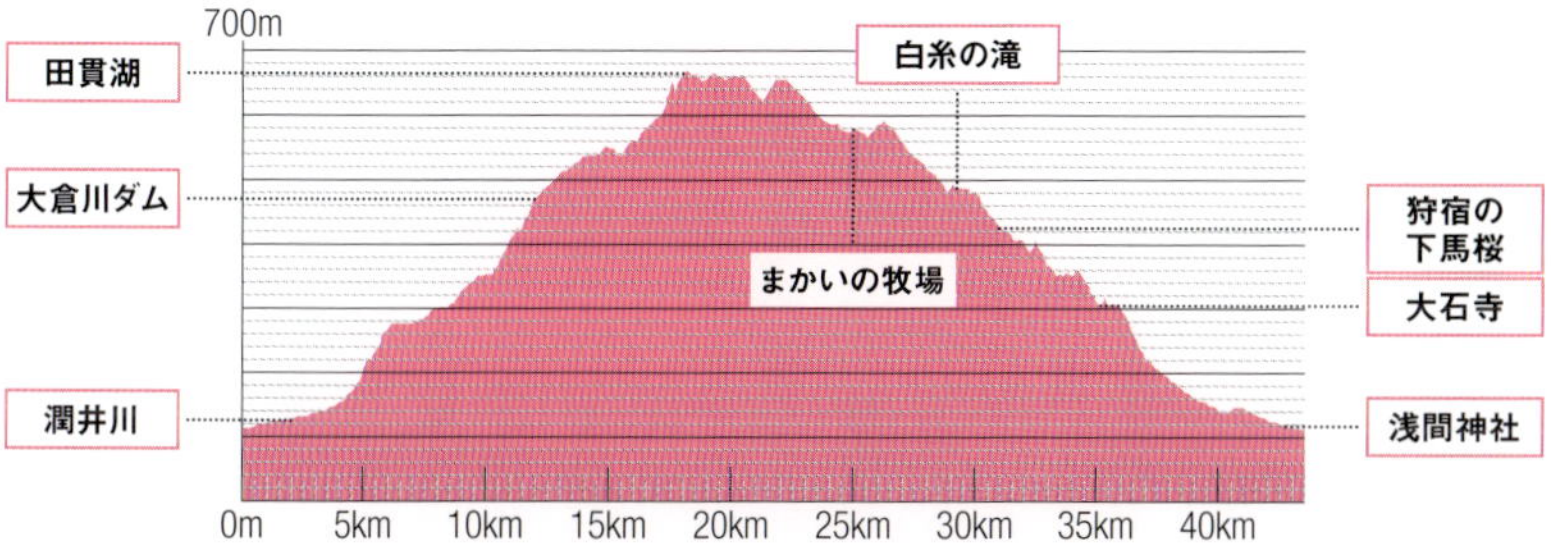
700m
田貫湖
大倉川ダム
潤井川
白糸の滝
まかいの牧場
狩宿の下馬桜
大石寺
浅間神社
0m
5km
10km
15km
20km
25km
30km
35km
40km

［Google MAP］

07 富士市～沼津市

難度		起伏	
距離	43.4km	時間	約4時間
輪行OK	輪行の場合は、JR「吉原駅」スタート		

コース紹介者 戸塚浩史さん

クラブチーム「IL VENTO」、静岡自転車ライフ研究会所属。中学生の頃から自転車にハマり、現在も通勤で片道30kmを走行。

自然の恵みから個性的な寺まで “製紙の町”富士は景観の宝庫

湧水・湿原を回り、駿河湾の潮風を感じる

古くから紙の産地として名を馳せる“製紙の町”富士市。北は富士山、南は駿河湾を望む景観豊かなこの街を、「浮島ヶ原自然公園」や「毘沙門天 妙法寺」、「広見公園」など多彩なスポットに立ち寄りながら、東西に走るルート。

まずは「吉永まちづくりセンター」を出発し、住宅街を抜けて南下。岳南富士岡駅付近の線路を渡り、東海道新幹線の高架下を抜けて一つ目の交差点を左折。田園の中を東へ進む。このあたりは左側に新幹線と富士山を同時に見ることができる撮影スポットなのでぜひチェックを。

その後、増川を越えて一つ目の十字路を右折し南下していくと、浮島ヶ原の湿原風景の保全を目的に整備された「浮島ヶ原自然公園」が見えてくる。ここは全国的にも貴重な動植物なども観察できるので、自転車を降りて散策するのもいいだろう。

さらに南下、国道1号の側道から県道163号に入り、旧東海道の古い家屋が残る通りを東へ走行。この通り沿いの「高嶋酒造」では、地下145m付近から汲み上げている井戸水を近隣の人にも使ってもらうために、水場を設置している。水分補給ポイントとしてぜひ活用しよう。

START!
浮島ヶ原自然公園 ・・・ 高嶋酒造 ・・・ 駿河湾沿い防波堤道路 ・・・ 毘沙門天妙法寺 ・・・ 吉原駅 ・・・ 田子の浦港

START! AND GOAL!

出発地点は吉永まちづくりセンター

富士市比奈の住宅街に位置する吉永まちづくりセンターが出発地点。開館時間は8:30〜21:30だが、準備・点検などのため使用時間は9:00〜21:15まで。

新幹線越しに富士山を眺めて

新幹線越しに富士山を見られる絶景スポット。時期によっては田植え前の水田を使った花畑が、さらに景観を風情豊かなものに彩ってくれる。

湿原の動植物と出会える浮島ヶ原自然公園

環境省レッドデータブックに記載されている貴重な動植物が分布している浮島ヶ原の湿原には、珍しい野鳥や昆虫などが生息している。

富士の霊水の補給ポイント

創業文化元年（1804年）の老舗・高嶋酒造が、酒造りにも使用している自噴井戸水を、誰もが自由に利用できるように提供。利用時間は7:00〜19:00まで。

そして、「原交番東」の交差点を右折し、今度は駿河湾沿いの防波堤道路に入って一路西へ。シーサイドライドを満喫したら、富士マリンプールを越えて二つ目の降り口を右折する。

そこからほど近い場所にある「毘沙門天 妙法寺」は一風変わったオリエンタルな寺で、敷地内には和風の寺院建築の本堂以外にも、インド窟院にならった洞窟七福神堂や中国様式の龍神香炉堂などが建ち並び、エキゾチックなムードが漂っている。なお、この寺では毎年旧暦の正月に「日本三大だるま市」の一つとして「毘沙門天大祭」が行われている。

妙法寺から、JR吉原駅を通過してさらに西に移動、シラス漁で有名な「田子の浦港」へ。漁協食堂では3月21日〜12月28日の期間、新鮮なシラスのどんぶりなどを味わえ、隣の直売所ではシラス、サクラエビや各種加工品が買える。

吉原商店街で腹ごしらえ富士山を正面に北上

続いて北上、平家越え橋を渡って吉原商店街に入る。商店街の中には富士市のB級グルメ「つけナポリタン」を楽しめる店がいくつか点在するが、なかでも「Cafe Sofari」では締めにおにぎりを投入してリゾットにしても楽しめるので、自転車旅のエネルギー補給にピッタリ。

吉原商店街 ・・・ 広見公園 ・・・ 竹採公園 ・・・ 医王寺湧水公園 ・・・ GOAL!

立ち寄りスポット

ご当地B級グルメがウリ
『Cafe Sofarii』

つけナポリタン（980円）は牛スジとトマトをコトコト煮込んだソースが美味。最後はおにぎり（100円）を投入してリゾットに。

住所／富士市吉原2-3-19 2F
定休日／月曜日　営業時間／月～金曜日11:30～14:00（L.O.）18:00～22:00（L.O.）※金曜のみ25:00まで
土曜日11:30～25:00　日曜日11:30～23:00
問合せ／0545-51-3555

果物本来の甘みが味わえる
『杉山フルーツ』

フルーツゼリーが人気の老舗。酸味と甘みが絶妙なイチゴの生ジュースは300円。他にもメロンやパインのジュースも。

住所／富士市吉原2-4-3
定休日／不定休
営業時間／9:00～17:00
問合せ／0545-52-1458

イートインスペースも魅力
『キャトルエピス 富士店』

常時20種類ほどのケーキが並ぶ人気店。こだわりのお茶や焼き菓子も豊富にある。

住所／富士市瓜島町152-2
定休日／不定休
営業時間／10:00～18:00
問合せ／0545-55-3388

駿河湾沿いの防波堤道路を快走

さわやかな潮風を感じながら駿河湾沿いの防波堤道路を疾走。どこまでも続く青い空と青い海が心地良く、より一層、ペダルを踏む足に力が入る。

日本三大だるま市で有名な妙法寺

インドで生まれた武運の神、毘沙門天が祀られている妙法寺。毘沙門天大祭で販売される立派なヒゲのだるまは五穀豊穣、商売繁昌などの縁起物として人気。

鮮度抜群のシラスで有名な田子の浦港

ここからは富士山と駿河湾の両方を眺められる。また、この漁港近くにはシラス店が数多く軒を連ねており、「富士山シラス街道」と呼ばれている。

広見公園で富士市の歴史に触れる

富士市を代表する総合公園。園内の市立博物館では世界最古の印刷物や紙すきの道具など“紙の町”らしい資料を見学できる。

ワンポイントアドバイス

海と富士山のコラボレーション

「駿河湾沿いの防波堤道路は間近に富士山や駿河湾、そして遠くに伊豆半島が望めるので、気持ちよく走行できます。田子の浦漁港から見る富士山も趣があるので、その景観を楽しんでください」

吉原商店街は歩行者に注意

「吉原商店街は歩行者も交通量も多く、さらに駐車車両も目立つので走行には注意を。東名高速の高架下を渡ると、すぐに変則十字路となりますが、道なりに進むように気をつけましょう」

この店の斜め向かいにあるのが連日完売のフルーツたっぷり生ゼリーが名物の「杉山フルーツ」。ここの生ジュースは、食後のデザートがてら喉を潤すのにもいい。

また、ここから少し西にあるオシャレな外観のスイーツ店「キャトルエピス 富士店」も、旬のフルーツを使ったタルトやケーキをはじめ、プリンやチョコなど女子ならずとも心が躍るスイーツが並びオススメだ。

さらに富士山を正面に見ながら北上。東名の高架下をくぐり、「広見公園」に到着。園内には富士市の歴史・文化を象徴する建造物を移転・復元したものや、富士市の花であるバラなどが植えられ癒やしの空間が広がる。

その後、商店街を抜けて南下、上田町の交差点を左折して東へ。坂を上り、「竹取物語」発祥の地と伝えられる「竹採公園」を通り過ぎ、さらにゆるやかな坂を上って玉泉寺付近へ。このあたりからは富士市の街が一望でき、夕暮れ時には製紙の町を象徴するパルプ工場の水蒸気が、景観にノスタルジックなアクセントを加えてくれる。

湧水池が多い富士市。最後は「医王寺湧水公園」に寄り、吉永まちづくりセンターに帰還。

全体的にアップダウンも少ないので、初心者でも余裕をもってバラエティ豊かな景色を胸に焼きつけられるだろう。

MAP
危険箇所
コンビニ
駐車場
トイレ
見どころ
立ち寄り
START! AND GOAL!
吉永まちづくりセンター 駐車場
医王寺の看板を左折
上田町交差点
広見公園入口交差点
横断歩道ないので注意
吉原第一中学 左折
中村町交差点
突き当たりを右折
キャトルエピス 看板右折
新幹線高架手前を左折
新幹線×富士山
川を越え一つ目の十字路を右折
植田交差点
白隠誕生地前交差点
防波堤道路へ
県道原東町交差点
踏切手前を左折
国道1号の側道へ左折
富士マリンプールを越えて二つ目の降り口を降り、一般道へ（56番が目印）
輪行の場合は、JR吉原駅からルートに入る
国道139号方面へ左折
田子の浦港方面へ左折
富士市
沼津市
新東名高速道路
東名高速道路
東海道新幹線
小森眼科クリニック
広見公園
竹採公園
湧水源
医王寺湧水公園
原田小
杉山フルーツ
エネオス
Cafe Sofarii
吉原本町
本吉原
岳南原田
比奈
岳南富士岡
吉原東中
須津
神谷
岳南江尾
富士市役所
キャトルエピス
ジヤトコ前
左富士松屋
吉原
田子の浦港湾合同庁舎
田子の浦漁協
毘沙門天妙法寺
富士マリンプール
東田子の浦
TONAMI
浮島ヶ原自然公園
増川
高嶋酒造
原
1km
N

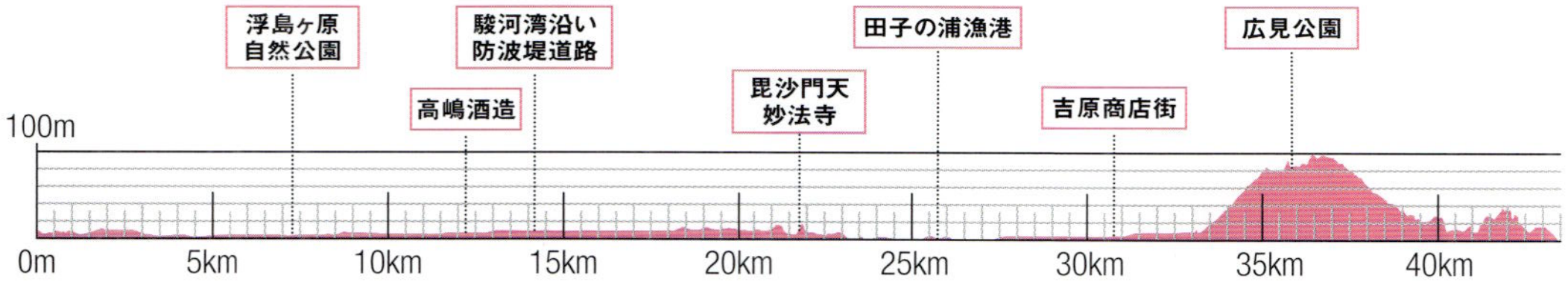
浮島ヶ原自然公園
高嶋酒造
駿河湾沿い防波堤道路
毘沙門天妙法寺
田子の浦漁港
吉原商店街
広見公園
100m
0m
5km
10km
15km
20km
25km
30km
35km
40km

［Google MAP］

08 河口湖～山中湖（山梨県）

難度
起伏
距離 73.1km
時間 約6時間30分
輪行OK 富士急行線「河口湖駅」スタート

富士山の景観を求め お隣の山梨県・河口湖へ

世界文化遺産登録でにぎわう富士山の新たな表情を求め、静岡県を飛び出しお隣の山梨県へ。「大石公園」や「忍野八海」などの観光スポットを押さえつつ、景観豊かな富士五湖の河口湖と山中湖を周遊する。

出発地点は富士急行河口湖線・河口湖駅。まずは北に向かい、河口湖を左側に望む形で国道１３７号へ。雄大な富士山や、湖畔に浮かぶ遊覧船を眺めながら走行する。

河口湖の周囲は約20㎞。その区間には湖畔沿いの自歩道もあるので上手に使い分けてサイクリングを楽しもう。ただ、観光地なので歩行者に注意して、スピード優先の走行は控えめにしよう。

湖畔に近い県道21号をしばらく走ると「大石公園」に到着。ここは河口湖北岸に位置する富士山の絶景スポットで、水面に富士山が映る逆さ富

コース紹介者 高柳光政さん

「アロハバイクトリップ」の富士山エリアガイドとして、河口湖などでツアーガイドを務めるサイクリスト。
HP http://www.alohabike.com/

自分だけの富士山を刻む旅
河口湖&山中湖周遊サイクリング

START! AND GOAL!

ノスタルジックな河口湖駅の駅舎

木造の駅舎がノスタルジックな雰囲気を醸し出す河口湖駅。駅前広場には富士急行の前身、富士山麓電気鉄道のモ1形電車が静態保存されている。

湖北岸の絶景スポット・大石公園

湖畔に広がるラベンダー畑（6月下旬〜7月上旬）、富士山の眺望が見もの。また隣接する「河口湖自然生活館」ではブルーベリー狩りやジャム作り体験もできる（季節限定）。

河口湖の湖畔から富士山を眺めて

富士五湖の中で最も長い湖岸線を持ち、面積は富士五湖では2番目に大きい河口湖。湖畔には休憩スポットも多く、季節を問わず気軽にサイクリングを楽しめるエリアだ。

富士山を見据えて富士スバルラインを疾走

河口湖駅から西へ約200m地点の交差点を起点とする富士スバルライン。途中、車両走行音が音楽を奏でるように工夫されたメロディーロードも舗装されている。

士の名所として知られる。また、富士河口湖町の初夏の名物イベント「河口湖ハーブフェスティバル」の会場でもあり、その時期にはラベンダー畑とともに雪を被っていない夏富士を見ることができる。

「道の駅かつやま」や「河口湖ミューズ館 ―与勇輝館―」、「河口湖ハーブ館」など、スポット満載の湖畔を駆け巡り、河口湖から今度は南下。富士山料金所まで無料開放区間となる富士スバルラインに入る。真正面に見据えた富士山に向かって、緑が生い茂る中、上り基調の道を疾走。このあたりは信号が無いので気持ちよく走れるはずだ。

そして「胎内洞窟入口」の看板を目印に、交差点を左折して県道716号に入り、突き当たりを左折。今度はバックに富士山を背負う形で県道701号を北上し、富士パインズパークの愛称で知られる「諏訪の森自然公園」を通過。すると、林間道沿いに国指定の重要文化財でもある「北口本宮富士浅間神社」が見えてくる。天然記念物の御神木「太郎杉」など大木の数々、そして木造としては国内最大の鳥居（高さ約10m）が、格式と風格を感じさせる。

神社を後にし、東へ走行。旧鎌倉往還から国道139号に入り、ユニクロを目印に右折。急勾配の坂道を越え、山梨県の南東部、富士北麓に位置する

「吉田の火祭り」が有名 北口本宮富士浅間神社

神秘的な雰囲気の中で森林浴を存分に楽しめる。パワースポットとしても知られ、毎年8月26、27日の2日間、日本三奇祭の一つ「吉田の火祭り」が行われる。

富士五湖最大の面積を誇る山中湖

富士五湖の中で最大の面積を誇り、相模川の源流でもある山中湖。近年はコブハクチョウが定住。通年で優雅なハクチョウの姿が見られる。

高原盆地、忍野村地区に入り、のどかな集落を眺めながらペダルを漕いでいく。

忍野村で食事する場合は、山梨県郡内地方の郷土料理・吉田うどんの知る人ぞ知る名店「渡辺うどん」がオススメ。コシが強い麺が特徴で、具材のキャベツや馬肉、そして甘辛のスリダネと相まって、やみつきになる味。ぜひお試しを。

富士山に一番近い湖・山中湖 帰りは忍野八海へ寄り道

そこから県道717号を南に向かって直進すると、標高1000m、“富士山に一番近い湖”山中湖に到着する。河口湖と同じく、反時計周りで湖の周りを走行しよう。

野外シアターや湿生花苑がある多目的公園「山中湖交流プラザきらら」を左折すると、湖畔沿いの涼やかな自歩道に入る。優雅に白鳥が舞う姿を間近に感じながら、車などに気を取られることなく爽快な気分で走れる。

途中にある山中湖北岸の「長池親水公園」は、富士の全景を観賞できるビュースポット。11月中旬または2月初旬には、山中湖畔に映る逆さ富士に夕日が沈み始めるダブルダイヤモンド富士も楽しめる。

そして、湖に群生するマリモが名称の由来であるマリモ通りを走り抜けて、梁尻通りを右折。30万平方メートルの敷地が色とりどりの花で埋め尽くされた「山中湖花の都公園」の舗装路を走り抜ける。ここでは季節ごとに彩りが変化する花のじゅうたんが、目を楽しませてくれるはずだ。

続いて、先ほど通ってきた717

山中湖花の都公園 → 忍野八海 → 月江寺商店街 → 富士急ハイランド → GOAL!

花畑の中をのんびりサイクリング

チューリップや桜をはじめ、四季折々の花々が目を楽しませてくれる山中湖花の都公園。思わずのんびりと走りたくなるきれいな花畑が広がる。

湧水が美しい忍野八海

ここの湧水は、富士山の雪解け水が溶岩の間で約80年の歳月をかけてろ過されたもの。新富岳百景選定地でもあり、水の美しさに触れることができる。

どこか懐かしさ漂う月江寺商店街

映画の舞台にもなった月江寺商店街。その佇まいはどこか懐かしさを感じさせ、おのずと気持ちが癒やされる。街並み越しに見る富士山も味わい深い。

立ち寄りスポット

郷土料理・吉田うどんを堪能

『渡辺うどん』

2007年に農林水産省が「農山漁村の郷土料理百選」に認定した吉田うどんは小400円、中450円、大600円。

住所／山梨県南都留郡忍野村内野545-2
定休日／水曜日（祝日の場合は営業）
営業時間／11:00～14:00（ラストオーダー13:30） ※ランチ営業、日曜営業
問合せ／0555-84-2462

忍野八海名物・焼きもち

『渡辺食品』

よもぎの香りと、甘さ控えめなアンコのバランスが絶妙な焼き草もち（100円）。その場で食べられるように紙にくるんでもらえる。

住所／山梨県南都留郡忍野村忍草241
定休日／不定休　営業時間／8:30～16:30（夏期は8:00～17:00）
問合せ／0555-84-4106

レトロな店内でホッとひと休み

『カフェ月光』

昭和の面影が残るレトロなカフェ。写真はコーヒーの月光ブレンド（550円）と、かぼちゃのメイプルチーズケーキ（530円）。

住所／山梨県富士吉田市下吉田3-12-11
定休日／火・水・木曜日
営業時間／12:00～18:00
問合せ／0555-28-7277

ワンポイントアドバイス

多彩な富士山ビュー

「河口湖も山中湖も観光地なので、ビューポイントでは歩行者に注意を。ルート途中は富士山の多彩な表情が見られます。特に山中湖の自歩道は、富士山をより近くに感じられるのでぜひチェックを」

河口湖でレンタサイクル

「富士山エリアを自転車で観光したい、富士五湖サイクリングを手ぶらで楽しみたいという方は、『アロハバイクトリップ』のレンタサイクルがオススメです。詳細はhttp://www.alohabike.com/まで」

号をUターンし、再び忍野村へ。国指定の天然記念物「忍野八海」は水質や保全状況、景観の良さから名水百選に指定されている湧泉群で、観光客で連日にぎわうスポット。敷地内には食事処や土産物屋が建ち並ぶが、特に忍野八海の天然水を使用したうるち米で作る草もちは、忍野名物として知られている。

忍野八海を後にし、急勾配の坂をスピードに注意しながら下り、鐘山通りに入ったら北上。「職業訓練校前」の標識を左折し、富士吉田市の市街地を東へ進んでいく。この付近では、昭和の佇まいを今も残す「月江寺通り商店街」に足を延ばしてほしい。

月江寺池と本町通りとの間、約200mを結んだこの商店街は、レトロな雰囲気の看板やモダンな建物が点在。ここだけ時間が止まっているかのような街並みは、散歩気分でペダルを漕ぐのにいい按配。古い家屋を活かした「カフェ月光」でひと休みするのもいいだろう。

ここまで来たらゴールは間近。最後は国道137号を西に向かって河口湖駅に到着。

距離は70kmオーバーのロングライドだが、急勾配も少ないので、ぜひカメラを持って自分好みの富士山の風景を見つけに出かけてほしい。

MAP
危険箇所
コンビニ
駐車場
トイレ
見どころ
立ち寄り
START! AND GOAL!
河口湖駅（有料）
船津三差路交差点
トンネル手前を左折し湖沿いへ
線路へ向かい道なりに左折
駅入口交差点
職業訓練校前交差点
砂原橋東交差点
信号を右折（ユニクロが目印）
行きは上り坂 帰りは下るので スピード注意
渡辺うどんへは「忍野村消防団第一分団」を左折し、一つ目の十字路を右折
突き当たりを左折
梁尻通り看板を右折
山中湖交流プラザきららを左折
湖畔沿いを反時計周りに進む
山中湖西交差点
富士見バイパス南交差点
信号左折（胎内洞窟入口の看板目印）
上の段交差点
道なり左へ
道なり右折
スバル立体交差点
大石公園
河口湖
西湖
郵便局
西浜簡易
河口湖美術館
河口湖大橋
八木崎公園
遊覧船のりば
河口湖ミューズ館 与勇輝館
河口湖ハーブ館
道の駅 かつやま
JA
下吉田
月江寺
カフェ月光
富士急ハイランド
富士山
ユニクロ
富士スバルライン
富士スバルランド ドギーパーク
富士北麓公園
北口本宮富士浅間神社
諏訪の森自然公園
道の駅 富士吉田
鐘山スポーツセンター 総合体育館
忍野村役場
忍野八海
渡辺うどん
山中湖花の都公園
長池親水公園
みさきキャンプ場
山中湖交流プラザきらら
山中湖
山中湖村役場
東富士五湖道路
21
714
139
137
707
701
716
138
717
729
413
N
2km

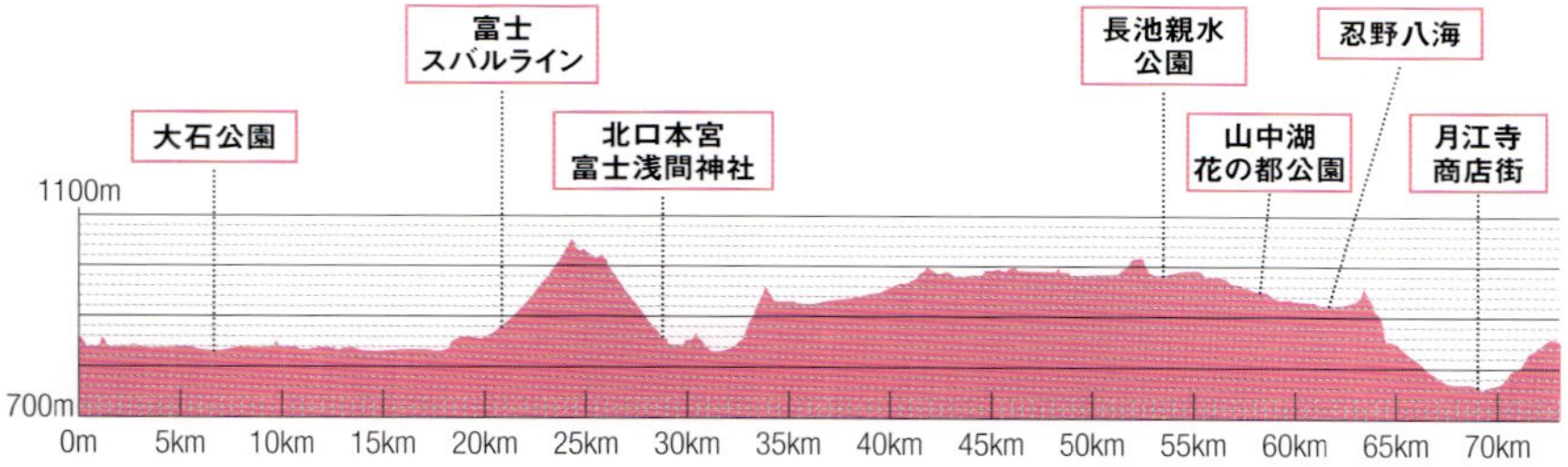
大石公園
富士スバルライン
北口本宮富士浅間神社
長池親水公園
山中湖花の都公園
忍野八海
月江寺商店街
1100m
700m
0m
5km
10km
15km
20km
25km
30km
35km
40km
45km
50km
55km
60km
65km
70km

［Google MAP］

自転車を持ち出せ！

もっと遠くへ行きたいんだよ～

「以前はウォーキングしてたんだけどさ、一時間歩いてもまだ家の近所なんだよね。その点、自転車はいいよ～、季節を感じながら小一時間走ってみなよ。あれ？ こんな道あったんだ！ っていう発見もあってさあ……」

なんてことを言っているあなた、そう、あなたですよ。あなたはまだ自転車の魅力を十分感じられていませんね。

今日は自宅から東の街を目指して漕ぎ出し、明日は西風をものともせず自宅から西の川を目指してペダルを踏み込む。確かに自分の足で行けるとこまで行くというのは、自転車の醍醐味ではある。それはそうだ。

ただ、静岡県は広い。東西に115km、南北は118kmという広大な県なのである。

日曜の朝に県の西端に住む健脚サイクリストが、東の県境を目指して走り出す。往復で310km……。無理だ。これより先に行ったら明日の会社に間に合わない、彼は泣く泣く引き返すことになる。

楽して悪いか?!

まあ確かに「一日300kmくらい走るよ～」なんていう健脚さんも居るかもしれません。ただ、もっと気軽に楽しむために、自動車や電車で現地まで自転車を運び、最寄りの場所からスタートするという方法だってある。これは楽である。楽したって良いのであります。

この方法なら気軽に県内各地で自転車を楽しむことができる。御殿場の人が浜名湖で乗ることだって、浜松の人が伊豆を走ることだってできるのです。

そこで、皆さんはどうしているのか、Facebook上でサイクリストたちに聞いてみました。

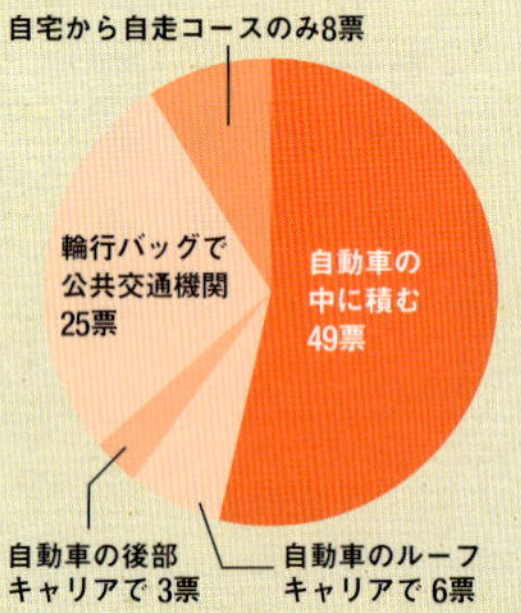
遠くのコースを走る際
自転車をどの方法で運ぶ？

自動車で運ぶという人が圧倒的に多いようですね。その中でも多いのは、自動車の中に積んで運ぶという方法。これは、キャリアにフレームむき出しで積むのは、駐車場に止めているときのいたずらや盗難が怖い、という理由からのようですね。

自動車の後ろにつける専用キャリアに載せた状態。バックで駐車する時は特に注意したい。思った以上に出っ張ってます

ルーフキャリアに自転車を載せた場合は、高さ制限のある箇所を通るときに十分な注意が必要です

輪行？ リンコウって何ですか？

電車に乗っていて、大きな袋を担いで乗り込んでくる人を見たことはないでしょうか？ その中にはきっと金属のパイプでできた、大事な愛車が入っているはずです。そう、その状態、自転車を専用の袋に入れて鉄道や船、飛行機などに手荷物として持ち込んで運ぶことを〝輪行〟と言うんです。

輪行する場合は、通勤時などの混雑した時間帯は極力避けましょう。他の乗客に迷惑にならないよう、十分な注意が必要です。東海道線の場合は、一番前の車両に乗り、運転席の後ろの壁に自転車を置くのが良いでしょう。最後尾車両の場合は車掌さんが出入りする扉の前は避けて置くように。

新幹線の場合は、各車両の一番後ろの席の背もたれの後ろのスペースに置きましょう。できれば自分もその席に座れるとベスト。ローカル線の場合は、路線により状況が異なりますが、出入り口付近の広くなっているスペースに置きます。手すりなどに固定できるストラップがあると倒れる心配もなく非常に便利ですよ。

輪行する際の収納スタイルもいくつかあります。電車に載せる旅のときは〝折りたたみ自転車〟というサイクリストもいるようですが、通常のスポーツバイクの場合は大きく分けて〝前輪のみを外す〟か〝前後輪とも外す〟かの二通り。前輪だけを外す方法は、作業工程が少なく簡単ですがサイズはあまり小さくなりません。やはり前後輪とも外して、よりコンパクトに収納するというサイクリストが多いようですね。それぞれ専用の輪行袋がありますので、自分に合ったものを探してみましょう。

さあ、まだ輪行未経験のサイクリストさん、すぐに輪行袋を手に入れて電車に乗り込もうではありませんか。まだ行ったことのない街へ、まだ走ったことのない道へ。

いざ行かん。

今の軽自動車はラゲッジスペースが広いものも多い。これは一般的なサイズの軽自動車ですが、車輪を外せばサイズ50のロードバイク・フレームなら十分に積み込める

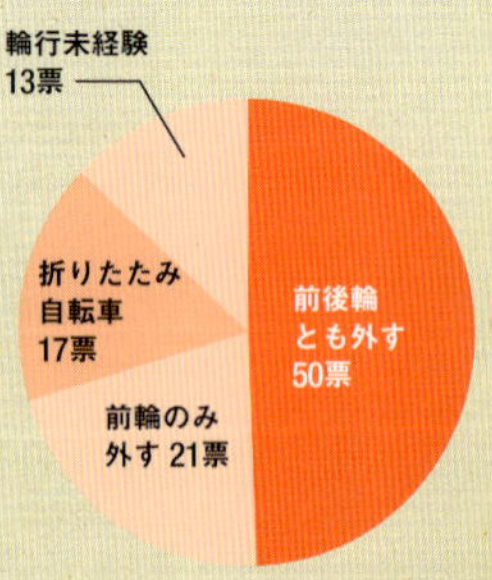
遠くのコースを走る際
自転車をどの方法で運ぶ？

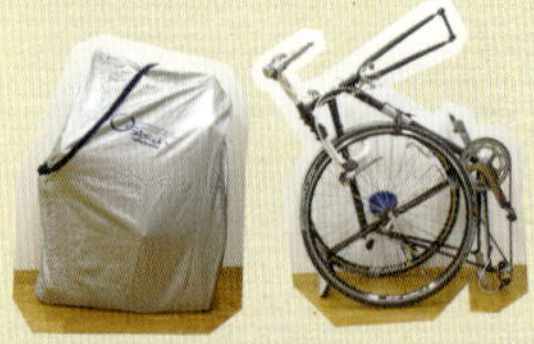

前後とも外しフレームを立てるタイプ。これがもっともコンパクトに収納できるスタイルです

前輪のみ外した状態。時間がかからず簡単ではあるが、やはり大きさは気になる

SHIZUOKA CYCLE TOURING

中部

09 清水港～三保

難度	🚲（3段階中1）	起伏	
距離	20.6km	時間	約3時間
輪行OK	JR「清水駅」スタート		

ベイエリアでさわやか潮風ライド
水上バスでクルージングも満喫

自転車専用道の整備が進み、走りやすい清水

日本三大美港の一つに数えられ、富士山を仰ぎ見る清水港を中心に三保半島を巡るルート。走行距離は約20㎞ながら、世界文化遺産「富士山」の構成資産にも登録されている「三保の松原」や、自転車を水上バスに持ち込んでのクルージングなど、見どころが凝縮された初級者も楽しめるコースだ。

スタートはJR清水駅。駅前は自転車通行環境整備モデル地区で、誰もが安全に走りやすいよう自転車専用通行帯が整備されているので、爽快にペダルを漕ぐことができる。

新鮮な魚介や干物の店、飲食店などが集まる「河岸の市」を覗いた後、快適な自歩道を使って次に向かうのは、清水港に面した「エスパルスドリームプラザ」。ショッピングやグルメをはじめ、映画館や観覧車などアミューズメントも充実。明治時代の港町を再現した「清水すし横丁」など、清水にゆかりのある施設も揃っているので観光スポットとしてもオススメだ。

ドリームプラザを後にし、エスパルス通りを抜けて、巴川沿いをゆっくりと走行。先ほどのにぎやかな光景と打って変わり、小型漁船や狭い路地など、港町・清水の独特な風情を

START! AND GOAL!

清水区の玄関口から出発進行

JR清水駅は清水区の中心駅。駅前には玄関口ともいえる清水駅前銀座が広がる。この駅前銀座と清水銀座の両商店街では毎年七夕祭りを開催、多くの人出でにぎわう。

潮風を感じながらベイエリアを疾走

ベイエリア「エスパルスドリームプラザ」は「清水すし横丁」や映画館などが一つになった複合型商業施設。隣接する清水マリンパーク内では、自転車は手押しで移動しよう。

港町清水の独特な風情を感じながら

清水港にそそぐ巴川を眺めながらペダルを漕ぐと、停泊する小型漁船や建ち並ぶ住居など、潮の香りとともに港町らしい雰囲気に触れることができる。

整備された一般歩道&自転車専用通行帯

JR清水駅前地区は国土交通省と警察庁が指定する自転車通行環境整備モデル地区なので、一般歩道と自転車専用通行帯がきちんと分けられている。

味わえる。また、もし時間に余裕があれば、エスパルス通りの西端にある、「清水港船宿記念館　末廣」にも足を延ばしたいところ。ここは清水次郎長が明治十九年に清水波止場に開業した船宿を復元した施設で、清水港の振興に尽力した次郎長の歴史に触れることができる。

巴川沿いを抜けるとそのまま南下、フジ日本精糖や日東富士製粉などの大きな工場や倉庫が建ち並ぶ、人通りの少ない界隈へ。このあたりは港湾エリアの独特な光景が広がっていて興味深い。

羽衣伝説の三保の松原 水上バスでクルージング

その後、三保街道沿いの自歩道を走行。小休憩を取る場合は、この通り沿いのサイクルショップ「オオムラ自転車折戸店」内にある、イタリアンカフェ「Armo caffe」を覗いてほしい。オシャレな店内ではコーヒーやパニーニが味わえ、カウンターからは、サイクルロードが眺められる。

そして、日本新三景・日本三大松原の一つでもある「三保の松原」へ。お目当てはもちろん、天女の羽衣伝説で有名な「羽衣の松」。自転車を降りて、羽衣の松と富士山の絶景を堪能しよう。なお、先ほどの「Armo caffe」はテイクアウトもできるので、三保海岸沿いで景色を眺めながら食べる

川村農園CAFE → Bon-côté → 塚間(水上バスのり場) → 新清水駅 → GOAL!

「天女の羽衣」で有名な三保の松原

浜には天女が舞いおりたとされる樹齢約650年の老松「羽衣の松」が今もそびえ立つ。近くにある御穂神社には羽衣の切れ端が保存されている。

松並木を抜けると県道377号に

自転車を押しながら松並木が美しい鎌ヶ崎遊歩道を抜けると、一面に広がる海岸が眺められる「県道377号静岡清水自転車道線」へと繋がっている。

ヴィンテージ自転車ショップに寄り道

フランス直輸入のアンティーク家具、ヴィンテージ自転車を取り扱う「Bon Côté」。味わい深い自転車たちが出迎えてくれる。清水区三保621-4

水上バスでゆらゆらクルージング

「塚間」から「日の出」までは水上バスに乗る。自転車は船の大きさにより台数制限あり。詳細は「富士山清水港クルーズ」HPで。

ワンポイントアドバイス

手押し区間の厳守を

「『エスパルスドリームプラザ』周辺のベイエリアや、『羽衣の松』から静岡清水自転車道線への松並木の遊歩道区間では、敷地内の案内に従い、必ず自転車から降り、手押しで通行してください」

足を延ばして興津まで

「20kmじゃ物足りないというサイクリストは、隣のJR興津駅あたりまで足を延ばしてみるのも面白いです。文豪の愛した『清見寺』や、地元で評判の『興津のたい焼き屋』など見所もたくさんあります」

立ち寄りスポット

仲卸人が目利きした魚介類

『清水魚市場 河岸《かし》の市』

市場内には新鮮な魚介類を安価で提供する「いちば館」と食事処「まぐろ館」がある。土日は県外からの来訪者も多く訪れる。

住所／静岡市清水区島崎町149
定休日／水曜日(一部営業中の店舗あり)
営業時間／いちば館9:30〜17:30 まぐろ館(店舗により異なる)
問合せ／054-355-3575

自転車店に併設のカフェ

『Armo caffe(アルモカフェ)』

挽き立てのエスプレッソや、イタリア産生ハムなどをパンで挟んだパニーニ(700円〜)などが味わえテイクアウトもOK。

住所／静岡市清水区折戸2-2-7
定休日／水曜日
営業時間／11:00〜18:00
問合せ／054-334-8656

自家製生ジュースは絶品！

『川村農園CAFE』

自家製トマトジュース(280円)はアミノレッドと呼ばれる品種にレモンの薄皮、砂糖と水を加えた逸品。その他、軽食もある。

住所／静岡市清水区三保1816-2 営業時間／土曜・日曜・祝日の13:00〜18:00 ※平日来訪も可能。詳しくは電話で要問合わせ。 問合せ／054-334-0789

のもオススメだ。

松並木を抜けると、今度は地元のサイクリストに親しまれているサイクリングロード、「県道377号静岡清水自転車道線」へ。シーサイドで爽やかな風を全身に受けながら、軽快に走行し、東海大松前球場などのあるエリアを通り過ぎて「川村農園CAFE」へ。この店のウリは新鮮な生ジュースで、特に名物の自家製トマトジュースはトマト嫌いの人でも美味しく飲めるはず。

続いて旧三保駅跡を通過し一路西へ。ここで寄り道しておきたいのが、ヴィンテージ自転車や家具を扱うショップ「Bon Côté(ボンコテ)」。インテリアとして楽しめそうな自転車が豊富に並ぶ、自転車好きなら是非とも知っておきたい店だ。

さらに西へ進み、水上バス乗り場「塚間」から自転車を水上バスに持ち込んで、「日の出」までクルージング。乗船時間は約10分ほどだが、開放的なデッキから富士山や海に漂う色とりどりのヨットを眺めれば、ちょっとした船旅気分を味わえる。

「日の出」に到着後は巴川沿いを北上し、静岡鉄道静岡清水線・新清水駅を越え、ゴールのJR清水駅へ。

ほぼフラットなルートなので、ゆったりと景色を楽しんだり、美味しいものを食べたりと、寄り道中心のポタリングに打ってつけだ。

MAP
START! AND GOAL!
JR清水駅
愛染町交差点
河岸の市
自歩道へ
突き当たりを左折
看板に従い自転車は手押し
新清水駅前の信号を右折
横断歩道がないので注意
新清水
清水区役所
エスパルスドリームプラザ
ユニクロ
日の出（水上バス乗り場）
塚間（水上バス乗り場）
水上バス乗船区間
静岡鉄道静岡清水線
市役所清水庁舎
清水港船宿記念館 末廣
フェルケール博物館
港町交差点
行きは左折、帰りは右折でそれぞれ巴川沿いへ
巴川
清水隣保館保育園
清開一丁目交差点
静岡日産自動車 清水港店
Bon-Côté
柴ストアー
三保造船所
自歩道へ
三保北交差点
灯台入口交差点
突き当たりを左折し、自歩道から一般道へ
東海大学海洋科学博物館
東海大松前球場
三保飛行場
清水灯台（三保灯台）
川村農園 CAFE
三保生涯学習交流館
羽衣の松
自歩道へ（県道377号静岡清水自転車道線）
遊歩道区間。自転車は手押しで
御穂神社入口
ウエルシア清水折戸店
行き・帰りとも自歩道を右折し一般道へ
自歩道へ左折
Armo caffe（オオムラ自転車折戸店）
折戸四丁目交差点
ベイドリーム清水
駒越東町交差点
静岡市清水区
75
54
1
149
198
150
199
危険箇所
コンビニ
駐車場
トイレ
見どころ
立ち寄り
N
800m

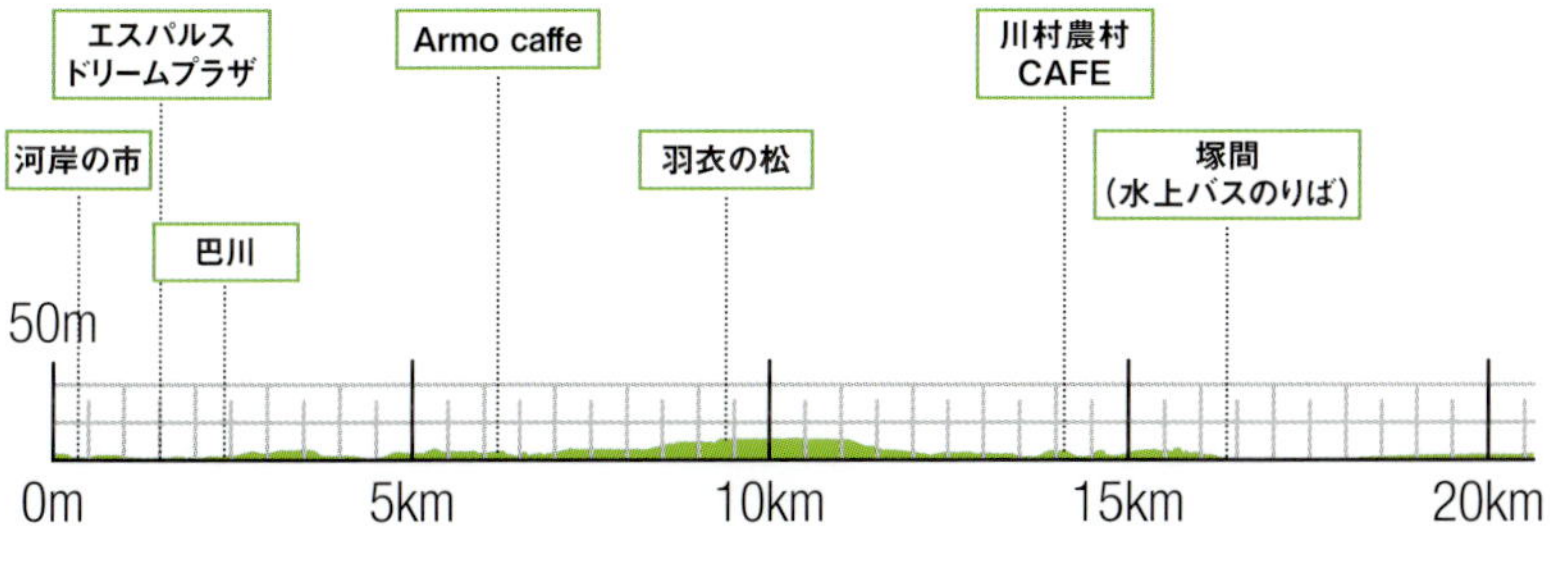
河岸の市
エスパルスドリームプラザ
巴川
Armo caffe
羽衣の松
川村農村 CAFE
塚間（水上バスのりば）
50m
0m
5km
10km
15km
20km

[Google MAP]

10 東静岡駅（静岡市葵区）〜由比

難度	🚲🚲🚲	起伏	
距離	52.3km	時間	約5時間30分
輪行OK	JR「東静岡駅」スタート		

激坂の先に待つは薩埵峠の絶景 さらに古きを訪ねて由比宿へ

市街地を抜けると始まる 屈指のロングクライム

静岡市葵区から竜爪山の山あいを経て、由比の海沿いに繋がるルート。気分爽快に走れる川沿い、上り応え十分の坂道、薩埵峠から見る富士山の絶景、そして旧東海道・由比の古き良き街並みなど、充実したサイクリングが楽しめる。

まずはJR東静岡駅を出発し、その線路に並行する形で東へ走行。静鉄の県総合運動場駅を左折し、踏切を渡って北上する。そして長尾川橋交差点を右折したら長尾川沿い右岸の堤防道路に入る。この道路は車通りはほとんどないが、地元の人がウォーキングを楽しむコースにもなっているので、スピードの出し過ぎには注意しよう。

前方にそびえる竜爪山を眺めつつ、川面に吹く心地良い風を体感し、さらに北に進んでいく。

その後、堤防道路が行き止まりになったら、一般道へと移動。徐々に緑が目立ってきた山あいの道を進み、少し勾配のある坂を上ったら松尾橋

コース紹介者 **花木 健**さん

高校1年の時に自転車にハマり、その後はブランクもあったが、再び40歳の頃から乗り出すようになって23年。週に一度、夫婦でサイクリングを楽しんでいる。

日本一の
おもてなし宿方

START! → 県総合運動場駅 → 長尾川 → 松平橋 → 穂積神社登山道入り口

出発点はグランシップの最寄り駅

静岡市葵区長沼にあるJR東静岡駅。駅南口には船をイメージした外観がユニークな静岡県コンベンションアーツセンター（通称グランシップ）がある。

長尾川の堤防道路を走行

旧静岡市と旧清水市の市境にある竜爪山（標高約1000m）に源流を持つ長尾川。コサギやハクセキレイ等の野鳥も多く見られる。

新東名下の松平橋を横断

長尾川に並行するように走行していくと、山あいから新東名が見えてくる。松平橋を通過する際に頭上を見上げるとそのスケールの大きさを実感できる。

緑が生い茂る中に佇む鳥居

幻想的な雰囲気を漂わせている穂積神社の旧登山道入り口。ここはハイキングコースの基点になるので、付近を走行の際にはくれぐれも歩行者に気をつけよう。

の手前を左折。続いて、巨大な新東名高速道路の真下に位置する「松平橋」を渡って左折、県道201号（竜爪街道）に入る。

住宅が点在する集落を越え、天王橋を過ぎたあたりから、徐々に勾配が急な上り坂へ。ヘアピンカーブに気をつけながら力強くペダルを漕いでいくと、緑がうっそうと生い茂る中、静かに佇む鳥居が幻想的なムードを演出する「穂積神社」の旧登山道入り口が見えてくる。

その入り口前を右折すると、そこからさらに険しい勾配の、上り応え十分な山道を走って行く。

眼下に静岡市街地を一望できるスポットを通過後、しばらくサイクリングの醍醐味である坂越えに奮闘。さらに続くアップダウンを経てようやく穂積神社に到着する。

ここでは無料でお茶を味わえる他、〝龍穴〟と呼ばれる天と地のパワースポットもあるので、以降の走行に向けて英気を養おう。

穂積神社を過ぎたあたりで清水区に入り、先ほどとは打って変わって急勾配の下り坂を走行する。交通量は少ないが、スピードの出し過ぎと、スリップ防止のために雨後の落ち葉などには十分注意してほしい。

その後、下り基調のゆるやかな坂を進み東へ向かうと、緑豊かな森や清流でレクリエーションが楽しめる

霊験あらたかな穂積神社でパワー充電

古くから信仰の山として知られる竜爪山は、北側の薬師岳（標高1051m）と南側の文珠岳（標高1041m）からなり、穂積神社は薬師岳の東側山腹に位置する。

黒川せせらぎ広場で自然と触れあう

黒川せせらぎ広場は興津川上流に位置する両河内の西里・河内地区に作られたオープンランドスケープ型の公園。敷地内にはハイキングコースも整備されている。

逢初橋から眺める興津川の風景

静岡市西部を南北に流れ、アユ釣りのメッカとしても知られる興津川。緑のグラデーションが鮮やかな山々、そして清らかな川の流れが気分を癒やしてくれる。

激坂を越えれば絶景が待つ薩埵峠

箱根、鈴鹿とともに東海道の三大難所であった薩埵峠。また、武田信玄と今川氏真との戦いなどの古戦場としても知られる。激坂を越えると54頁のような絶景が待っている。

「清水森林公園 やすらぎの森」内にある「黒川せせらぎ広場」が見えてくる。この広場にある地元で採れた新鮮な農産物や加工品などを販売する「笑味の家」では、朴葉もちやよもぎまんじゅうなどもあり、1個から買うことができる。その他、日帰り温泉施設「やませみの湯」、手打ちそばが人気の食事処「たけのこ」などがあり、一日いても楽しめるスポットとなっている。

薩埵峠を上れば絶景が由比では歴史街道散策

黒川せせらぎ広場を後にさらに東へ走行。興津川本流に出たら右折し、県道１９６号へ。川のせせらぎを聞きながら爽快なリバーサイドサイクリングを満喫しよう。

そして新東名の高架下を抜け、逢初橋を渡ると左手にドーム型の建物が見えてくる。この建物の横にある手作りパンの店、その名も「ドーム」では、素朴でやさしい味わいのパンが販売されているので、小腹が空いた時に立ち寄ろう。

但沼の交差点を右折すると、身延道（国道52号）に入って南下。この通りは交通量が少なくないため、途中の立花入り口交差点を左折して林間道に入り、さらに住宅が点在する中を進んでいく。

そして、「薩埵峠」への案内板が見えたら左折。右手側に走る東名高速

GOAL! 由比本陣公園 ・・・ 由比港 ・・・ 薩埵峠 ・・・ 身延道

風情を感じさせる由比街道

立派な門構えの由比本陣公園。東海道広重美術館では歌川広重の描いた作品を中心に約1400点の版画などを収蔵。浮世絵の世界を満喫できる。

GOAL!

東海道15番目の宿場町・蒲原でゴール

東海道五十三次15番目の宿場町・蒲原にあるJR蒲原駅。駅の南、約100mには海岸線、そのすぐ北側には国道1号が東西に走っている。

ワンポイントアドバイス

長尾川でウォーミングアップ

「序盤の長尾川沿いは涼しげで走りやすく、その後の激坂に備えたウォーミングアップにちょうどいいと思います。その他にもやすらぎの森や薩埵峠など、美しい景観を楽しみながら走ってください」

穂積神社からの下り坂に注意

「穂積神社からの下り坂は舗装路ですが、雨の翌朝に走る際は落石などに気をつけてください。特にコーナー付近には普段から砂利石があるので注意が必要です」

立ち寄りスポット

やすらぎの森は“食”も充実
『笑味の家』

新鮮な農産物や菓子を販売する笑味の家。写真の朴葉もち（3個360円）の他、よもぎまんじゅう（3個360円）なども販売。

住所／静岡市清水区西里1308-2
定休日／毎週月曜日（祝日の場合はその翌平日） 営業時間／10:00～15:00
問合せ／054-395-2229

ドーム型の建物が目印
『手作りパン ドーム』

もっちりとした生地に練り込まれたヨモギの香りと、甘さ控えめのアンコが美味しいヨモギあんぱん（110円）。

住所／静岡市清水区但沼町78-6
定休日／不定休
営業時間／8:00～16:00
問合せ／090-5872-6158

潮風を感じながら舌鼓
『浜のかきあげや』

サクラエビのかき揚げが2枚入ったかき揚げ丼は1000円。サクラエビとシラスの釜揚げがのる由比どんぶり（1000円）も人気。

住所／静岡市清水区由比今宿字浜1127
定休日／月～木曜日（祝日を除く）、年末年始 営業時間／10:00～14:00
問合せ／054-376-0001

道路を確認しつつ、距離こそ短いものの急な勾配の坂を上り切る。すると、そこに広がるのは歌川（安藤）広重の浮世絵木版画・東海道五十三次にも描かれた富士山の雄姿。伊豆半島や駿河湾、そして峠の麓を走る東名高速と国道1号が同じフレームに収まる絶景は、上り坂を制覇した者へのご褒美だ。

スピードに注意しながら峠の坂を下った後は北上。東海道16番目の宿場町で、今も当時の風情を残す「由比」の街道に入る。このあたりには往時を偲ばせる施設も多く、特に由比の中心に位置し、江戸時代に大名が宿泊した本陣跡地を整備した「由比本陣公園」には、「東海道広重美術館」や「東海道由比宿交流館」などがあり、街の歴史や文化に触れられる。なお、観光地なので街道では歩行者や車に注意することを忘れずに。

この付近で食事する場合は、由比漁港に足を運ぶことをオススメしたい。100年以上の歴史を持つサクラエビ漁で知られる由比だけに、そのサクラエビをたっぷり使ったかき揚げ丼を味わってほしい。

そして、由比の隣駅のJR蒲原駅でゴール。ルートとしては穂積神社と薩埵峠付近の激坂もあって、中・上級者向けとなるが、その疲れを吹き飛ばす絶景が待っているのでぜひチャレンジを。

MAP
危険箇所
コンビニ
駐車場
トイレ
見どころ
立ち寄り
START!
JR東静岡駅
GOAL!
JR蒲原駅
県総合運動場駅を左折
飲料・携帯食などはここで補給
長尾川橋交差点
長尾川橋交差点を右折
川沿いの堤防道路へ
松尾橋の手前を左折
松平橋を渡り左折し、竜爪街道へ
静岡市街地が一望できる
レンガ道を左方向、一般道へ
（右折したら行き止まり）
国道52号線の標識を左折
突き当たりを右折（標識あり）
国道52号線は交通量が多いので注意
立花入口交差点
但沼交差点
突き当たりを右折
JR由比駅方面へ
県道396号を
横断する際は車に注意
薩埵峠への案内看板を左折
静岡市葵区
静岡市清水区
西里温泉 やませみの湯
黒川せせらぎ広場（笑味の家）
糸魚川-静岡構造線（断層）
穂積神社
穂積神社登山道入り口
興津川
茂野島橋
逢初橋
手作りパンドーム
松平橋
竜爪街道
長尾川
静岡北中
常葉大学短大
エネオス
古庄
草薙
県立美術館前
県総合運動場
静岡鉄道静岡清水線
新東名高速道路
東名高速道路
清水
清見寺
興津
薩埵峠
由比
由比港（浜のかきあげや）
由比本陣公園
2km

800m
県総合運動場
長尾川
穂積神社
黒川 せせらぎ広場
興津川
薩埵峠
由比本陣公園
0m
5km
10km
15km
20km
25km
30km
35km
40km
45km
50km

［Google MAP］

11 安倍川流域

難度		起伏	
距離	52.4km	時間	約4時間30分
輪行OK	JR「静岡駅」スタート		

市街地の街乗りを楽しみつつ 清流・安倍川沿いを軽やかに往復

コース紹介者 中野暁子さん
クラブチーム「IL VENTO」所属。さまざまなレースにも参加するスポーツウーマン。
HP➡http://blog.goo.ne.jp/ilvento

市民憩いの駿府城公園 麻機街道で安倍川を北上

ＪＲ静岡駅を起点とし、安倍川沿いを往復するルート。市の中心部のタウンライドをはじめ、安倍川流域の自然も楽しめる自転車小旅行を紹介する。

まずはＪＲ静岡駅をスタート、多くの人や車が行き交う街中をスピードに気をつけながら走り、徳川家康晩年の居城として知られる駿府城跡を整備した「駿府城公園」に向かう。ここは中心市街地付近にありながら、春には約７００本の桜が咲き、二重の堀や美しい石垣に囲まれるなど景観も豊か。市内のオアシスとして市民の憩いの場所になっている。

そして、「静岡浅間神社」に続く浅間通りを抜け、麻機《あさばた》街道を北上。「城北公園」をぐるりと回り、国道１号バイパスを横断して進むと、右側に「麻機遊水地」が見えてくる。この遊水地ではカワセミやサギなどの水鳥が、優雅に泳ぐ姿を観察できる。

その後、県道74号の高架下を通り、しばらく北に進んで「羽高《はたか》」の交差点を左折。上り坂を越えて、新東名下を道沿いに走っていくと「鯨ヶ池」付近に出る。釣りを楽しむ人々や水面に映る新東名を眺めながら、その湖畔沿いを周回する形で走行。そして、新東名の高架下に位置し、安倍川

START! → 駿府城公園 → 静岡浅間神社 → 麻機遊水地 → 鯨ヶ池 → 葵大橋 → 真富士の里

START! AND GOAL!

JR静岡駅の周辺は走行注意

JR静岡駅は新幹線・在来線間の乗換駅としても機能し、1日平均の乗車人員は県内第1位。駅周辺は人通りも車通りも多いので走行には注意を。

駿府城跡を整備した公園

徳川家康が天正13年（1585）に築城、晩年を送った駿府城の跡地を整備。園内には4つの庭で構成された日本庭園と茶室を備えた「紅葉山庭園」もある。

新東名高架下の鯨ヶ池を周回

鯨ヶ池は静岡市の中心街から8kmほど北に位置し、桜峠の入口にある周囲約2kmの天然の湖。湖畔の「鯨ヶ池フィッシングセンター」では釣り竿も借りられる。

安倍川を眺めながら葵大橋を快走

2011年3月に開通した葵大橋。二段形式の橋で、上は新東名「安倍川橋」。この自歩道は道幅が広く、眼下に広がる安倍川を眺めながら気持ち良く走行できる。

に架かる「葵大橋」を渡って右折、一路北を目指す。

県道29号を進み、駿河変電所を越えて曙橋を渡り、安倍川東岸に出て県道27号を北上。広い河川敷と山あいの風景を眺めながら、軽快にペダルを漕いでいく。

北賎機トンネルをくぐり、茶畑を横目にさらに北に進んでいくと蕨野地区に入る。このあたりの道は幅が狭く、見通しも悪いので対向車に注意しながら走ろう。わらびの温泉の看板を越えたあたりで視界が開け、山々の景観が一気に広がる。気持ち良くさらに北上を続けると「真富士の里」に到着。ここは地場産品を扱う土産処兼そば処で、地元の主婦手作りの素朴な味わいを楽しめる。

「真富士の里」から少し北に進むと、江戸時代後期に建てられ、文化庁の登録有形文化財にも指定されている「大村家」に着く。茅葺き屋根でかぶと造りが特徴の重厚な外観は、のどかな山村の風景と相まって歴史情緒を感じさせてくれる。

ひと際目を引く赤い吊り橋 静岡おでんも忘れずに

大村家を後にしたら、走ってきた道をUターン。右側に、その鮮やかな赤が緑の山あいに映える「相渕橋」が確認できる。安倍川に架かる吊り橋の中でも最も長い橋（全長264・

大村家 → 相渕橋 → 安倍街道 → 青葉シンボルロード → GOAL!

立ち寄りスポット

静岡の"母の味"に出会える
『真富士の里』
名物の平野まんじゅう（3個360円）は、山で採ったよもぎを使用し、中の餡も手作り。写真の金つば（3個360円）も人気。

住所／静岡市葵区平野1097-38
定休日／5月茶摘み期間不定休、9月第4日曜日、年末年始
営業時間／［12月〜3月］8:30〜16:30
［4月〜11月］8:00〜17:00
問合せ／054-293-2255

こだわりのざるそば一本で勝負
『笊蕎麦 つど野』
静かな山あいに佇むそば店。店内は山小屋風の広々とした造りで、ゆっくりと風味豊かなそばを楽しめる。写真はざるそばのもり（880円）。

住所／静岡市葵区津渡野514-2
定休日／月·火曜日
営業時間／11:00〜14:00
問合せ／054-294-1005

静岡おでんの名店
『おがわ』
評判のおでんはじっくり煮込んだ牛すじをはじめ、焼津の黒はんぺん、北海道·今金産の男爵イモなど（90円〜）。

住所／静岡市葵区馬場町38
定休日／水曜日
営業時間／10:00〜18:30
問合せ／054-252-2548

かぶと造りが特徴の大村家
大村家は屋根裏を蚕室とするために、妻部分の屋根を切り下げて開口部を取ったかぶと造りが特徴。その佇まいは「どっしり」という表現が似合う。

深紅の相渕橋は絶好の撮影スポット
全長262.2mの相渕橋。横幅は1.2m、川面までの最大の高さは10m以上。一度に10人まで渡れるが、かなり揺れるので高いところが苦手な人は心して渡ろう。

清流としても知られる安倍川
安倍峠に水源を持つ安倍川。その伏流水は静岡市の水道水にも使われており、その水質の良さから環境省の「平成の名水百選」にも選定されている。

レトロな雰囲気漂う青葉おでん街
青葉シンボルロード沿いで、昭和レトロな雰囲気を漂わせる青葉おでん街。十数軒が軒を連ね、戦後から続く屋台系のおでんを味わえる。

ワンポイントアドバイス

麻機街道は走行注意
「麻機街道は国道1号を過ぎた池ヶ谷地区付近から道幅が狭くなり、見通しもやや悪くなるので走行には注意を。また、鯨ヶ池手前の坂は勾配が急なので、気合いを入れて上り切ってください!」

下りの帰路で寄り道も楽しもう
「行きが上りで大変な分、帰りは下りを心地良く走れます。また、静岡市の中心部を通るので見所も多いです。特に浅間通りは、昔ながらの商店街の風情が楽しめますよ」

２ｍ）なので、撮影スポットとしてもオススメの橋だ。

その後、竜西橋を渡って29号を南下すると、「笊蕎麦　つど野」の看板が見えてくる。この店のメニューは、厳選した玄蕎麦を石臼で挽き、精魂込めて打った「ざるそば」と「焼味噌」のみ。山の景色を眺めながら、そのこだわりの味を堪能してほしい。

そのまま29号を南に進み、曙橋で向こう岸へ左折したら、今度は27号を南下。このあたりまで戻って来ると、先ほどの山間部と比べて景観に変化が見える。一部、道幅も狭くなるので注意して走行し、新東名の高架下を抜けて市街地へ向かおう。

途中、浅間通り沿いにある静岡おでんの名店「おがわ」に立ち寄るのもオススメ。創業から60年以上を数えるこの店では、昔ながらの雰囲気がある店内で、おでんはもちろん、焼きそばや日替わり惣菜も楽しめる。

浅間通りを抜けたら、静岡県庁を左側に見ながら右折し、冬場はイルミネーションで彩られる青葉シンボルロードに入る。人通りに注意しながら進み、赤提灯が目印のレトロな横丁「青葉おでん街」の先の、突き当たりにある「常磐公園」を左折する。

あとは線路沿いを辿ればＪＲ静岡駅に到着。静岡の市街地から山奥の豊かな自然まで、風景もコースも変化に富んだ50㎞だ。

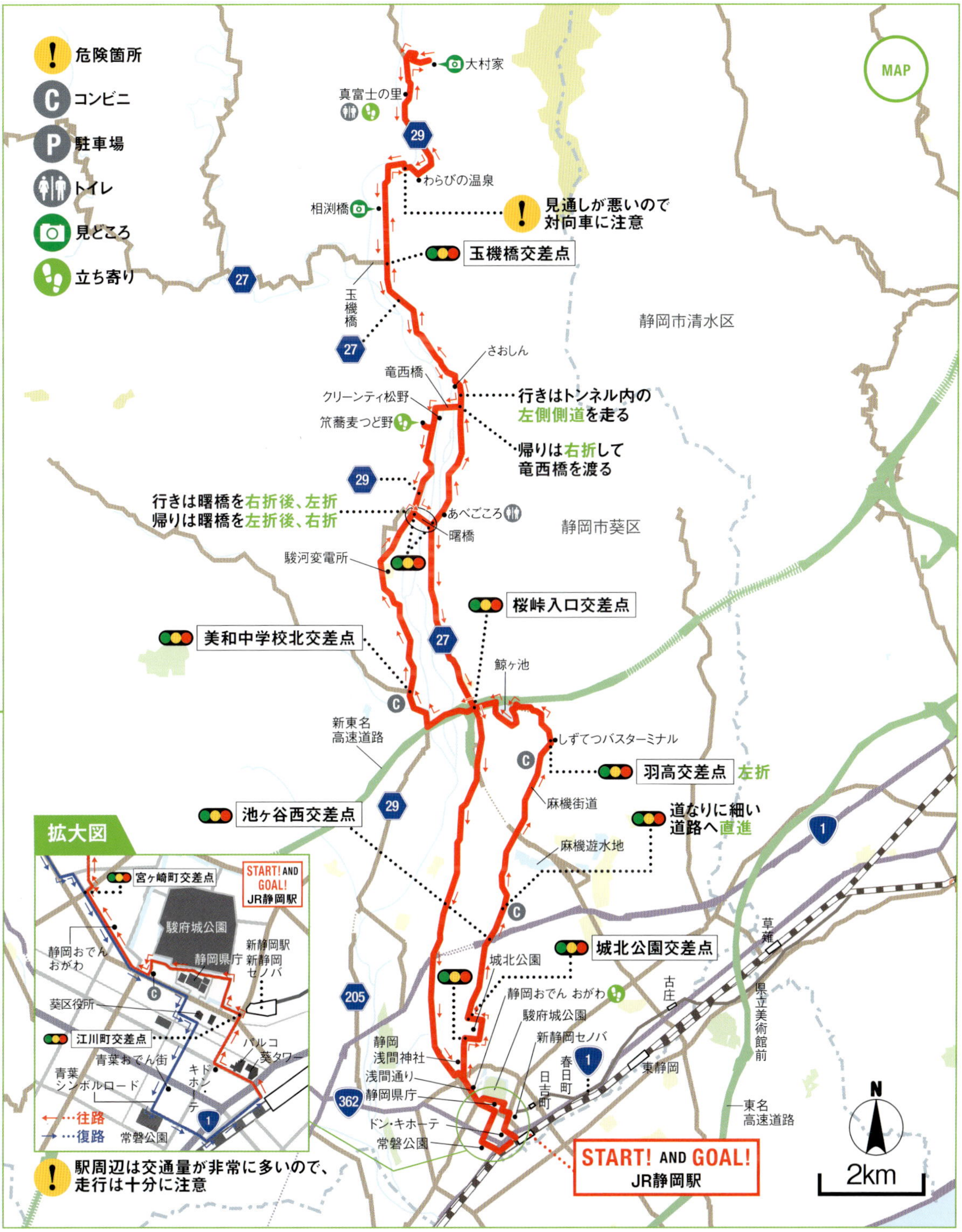
MAP
危険箇所
コンビニ
駐車場
トイレ
見どころ
立ち寄り
大村家
真富士の里
29
わらびの温泉
相渕橋
見通しが悪いので
対向車に注意
玉機橋交差点
27
玉機橋
27
静岡市清水区
さおしん
竜西橋
クリーンティ松野
笊蕎麦つど野
行きはトンネル内の
左側側道を走る
帰りは右折して
竜西橋を渡る
29
行きは曙橋を右折後、左折
帰りは曙橋を左折後、右折
あべごころ
曙橋
静岡市葵区
駿河変電所
桜峠入口交差点
美和中学校北交差点
27
鯨ヶ池
新東名
高速道路
しずてつバスターミナル
羽高交差点 左折
麻機街道
池ヶ谷西交差点
29
道なりに細い
道路へ直進
麻機遊水地
1
城北公園交差点
城北公園
静岡おでん おがわ
駿府城公園
新静岡セノバ
205
静岡
浅間神社
浅間通り
静岡県庁
362
ドン・キホーテ
常磐公園
春日町
日吉町
1
古庄
草薙
県立美術館前
東静岡
東名
高速道路
START! AND GOAL!
JR静岡駅
2km
拡大図
宮ヶ崎町交差点
START! AND GOAL!
JR静岡駅
駿府城公園
静岡おでん
おがわ
静岡県庁
新静岡駅
新静岡
セノバ
葵区役所
江川町交差点
パルコ
葵タワー
青葉おでん街
青葉
シンボルロード
キドホーテ
1
往路
復路
常磐公園
駅周辺は交通量が非常に多いので、
走行は十分に注意

駿府城公園
葵大橋
鯨ヶ池
大村家
相渕橋
真富士の里
青葉
シンボルロード
300m
0m
5km
10km
15km
20km
25km
30km
35km
40km
45km
50km

[Google MAP]

12 藁科川流域

難度	🚲🚲🚲	起伏	
距離	71.3km	時間	約6時間

輪行OK　輪行の場合は、JR「静岡駅」スタート

トレーニングでプロ御用達
風光明媚な藁科川ロングライド

コース紹介者 **桜井俊秀**さん

クラブチーム「IL VENTO」の立ち上げメンバー。会社経営の傍ら、日曜の午前中は、夏冬問わず毎週走っているサイクリスト。
HP➡http://blog.goo.ne.jp/ilvento

安倍川水系最大の支流 藁科川を北上

静岡市内を流れる藁科川流域を巡る長距離ルート。奥藁科にある「湯ノ島温泉浴場」を目指し、川沿いを往復。遠くに見える山々、広くて高い空と川が織りなす絶景、そして安倍川水系最大の支流を舞台に展開される風景の変化を楽しもう。

スタート地点は安西橋のすぐ南側に位置する、安倍川河川敷の「田町緑地スポーツ広場」の駐車場。そこから南下し、「安倍川橋」を渡って右折。妙音寺前の横断歩道を渡ると、安倍川堤防の距離の短い自歩道へ。安倍川を眺めながら通り抜けたら、県道２０７号（南藁科街道）に入り、今度は藁科川の流れに沿って西へ進路を取る。

２０７号を進み、続いて新東名高速道路に沿って勾配が急な坂を上り、「ＮＥＯＰＡＳＡ静岡」（下り）へ。ここでは静岡ならではの味覚をはじめ、さまざまなハイウェイグルメを楽しめるので小休憩にオススメだ。

その後、新東名をハイスピードで走行する車と併走し、再び２０７号を北上。途中、道幅が狭くなるのに注意しつつ、清涼感のある藁科川の川面を傍に感じながら北へ進み、今度は国道３６２号に入る。

「富沢橋」を渡ると一車線となるので対向車に注意しながら走行し、さ

START! AND GOAL!

安倍川河川敷の緑地が出発地点

河川敷内に造成された田町緑地スポーツ広場は、広く市民に開放しようと計画されたもの。現在では約100haを誇り、各種球技場や親水広場などが整備されている。

自転車乗りのメッカに立ち寄り

店先には朝採り野菜、本山茶、しいたけなどの地元産品や、自販機が並ぶ尾崎商店。プロもトレーニング途中に寄る、サイクリストにとってのメッカだ。

NEOPASA静岡(下り)で小休憩

NEOPASA静岡は一般道からでも入れるぶらっとパークなので自転車でも入ることが可能。STRICT-Gなど人気ショップに気軽に立ち寄ることができる。

らに北へ。「寸又峡・川根本町」の標識が見えたら左折し、「清沢橋」を渡って362号を西に向かう。

「きよさわ里の駅」を越え、涼やかな川のせせらぎを聞きながら、ゆるやかな勾配の坂を上って進むと、362号と県道32号が交差する分岐点、久能尾地区に到着する。ここにある「尾崎商店」は、サイクリストたちがちょっと休憩したり、情報交換などをする中継地点。各々ここで一息ついてから、川根本町方面や清笹峠など思い思いの方向にペダルを漕いでいく。

湯ノ島温泉で一服
帰りはゆるやかな坂を楽しむ

「尾崎商店」から来た道をUターンし、先ほどの「寸又峡・川根本町」の標識箇所を左折して、再び北へ。ゆるやかな上り坂を進んでいく。このあたりは川との距離もより近くなるので、心地良く走行できるだろう。

清沢発電所を通り過ぎてさらに北に進んでいくと、次第に視界が開け、見晴らしの良い山と川がお出迎え。澄んだ空気と美しい景観を楽しみつつ、県道60号を進もう。やがて、少し勾配のある道を越えると、「湯ノ島温泉浴場」の看板が見えてくる。この後に通行する集落は、見通しがやや悪くなるので注意したい。

そして、勾配のある坂を上ってい

藁科街道 → 農園カフェ なかじま園 → 木枯ノ森（牧ヶ谷橋） → 安西橋 → GOAL!

立ち寄りスポット

とろみある良質な湯で疲労回復

『湯ノ島温泉浴場』

奥藁科の自然に囲まれた市営温泉。とろみのある炭酸塩泉は美肌にもいいと評判。曜日限定でマッサージなども受けられる。

住所／静岡市葵区湯ノ島304-3
定休日／木曜（祝日営業、翌日休み）
営業時間／9:30～16:30
（最終入館16時）
問合せ／054-291-2177

奥藁科の里のやすらぎスポット

『玄国茶屋』

湯ノ島温泉浴場に隣接する手作り料理の店。手打ち蕎麦をはじめ、三色饅頭、餅ごぼうなどを販売。写真は天ぷらそば（770円）。

住所／静岡市葵区湯ノ島302-1
定休日／木曜日（祝日の場合は翌日）
営業時間／9:30～16:00
問合せ／054-291-2821

イチゴのスイーツが盛りだくさん

『農園カフェ　なかじま園』

写真は冷凍イチゴスライスの上に、生クリーム入り北海道牛乳ソフトをのせた「シャリシャリ苺のソフトクリーム」（5円）。

住所／静岡市葵区羽鳥本町11-21
定休日／無休（1/1のみ休み）
営業時間／10:00～（L.O.17:00）
問合せ／054-277-2322

川を眺望できる湯ノ島温泉

湯ノ島温泉浴場は藁科川の上流に位置する市営の共同浴場。入浴料は大人600円、小人（3歳～小学生）300円とお手頃、営業時間は9:30～16:00。

安倍川水系最大の支流・藁科川

藁科川は安倍川水系最大の支流（全長30km）で、葵区と駿河区の一部を流れる一級河川。自転車で北上しながら、次第に変化していく川の風景を楽しもう。

神秘的な木枯ノ森

木枯ノ森は駿河国の歌枕として、多くの和歌に登場する標高43mの山。森の中にある木枯神社（八幡神社）では、毎年8月15日（旧暦）に祭りが行われる。

最後は安西橋を渡ってゴールへ

1日あたりの交通量は国1バイパスに匹敵するとされる安西橋。

ワンポイントアドバイス

富沢橋通過後は注意

「富沢橋を渡ってからの上り道は道幅が狭く、所々でヘアピンカーブもあるため、場所によってはブラインドになってきます。このあたりでは対向車に注意しながら走行してください」

尾崎商店を起点に

「今回のルートでは尾崎商店からUターンする形を取っていますが、そこを起点として新たなコースを開拓することも可能です。レベルがアップしたら、ぜひ川根本町の方まで足を延ばしてみてください」

くと、趣のある木造建築の「湯ノ島温泉浴場」に到着。すぐ側を藁科川が流れているので、湯上がりには川のせせらぎを聞きながら休憩でき、浴場隣の食事処「玄国茶屋」では、手作りの蕎麦や天ぷらも楽しめる。

湯ノ島温泉浴場を後にしたら、またスタート地点に向けてUターン。今度はゆるやかな坂を下っていく。そして、往路とは異なり、207号には入らず362号を直進。

新東名の高架下を通り、しばらくするとイチゴを栽培するビニールハウスとともに「農園カフェ なかじま園」の看板が見えてくる。地元農家が経営するこの店では、パフェや生ジュースなど採れたてのイチゴを使ったスイーツを楽しめる。

その後、「久住谷川橋」の交差点を右折し、「牧ヶ谷橋」まで川沿いの自歩道を走行。途中、藁科川の川中にこんもりと樹木が茂った「木枯ノ森」が見えてくる。藁科川には数多くの中洲があるが、特にこの森は古くから景勝地として知られ、「枕草子」にも歌われている。

そして、最後は安倍川に架かる国道362号の「安西橋」を渡って田町緑地スポーツ広場に到着。

走行距離は70km以上となるが、爽快なリバーサイドツーリングを堪能できるルートなので、ロングライド入門編としてもオススメだ。

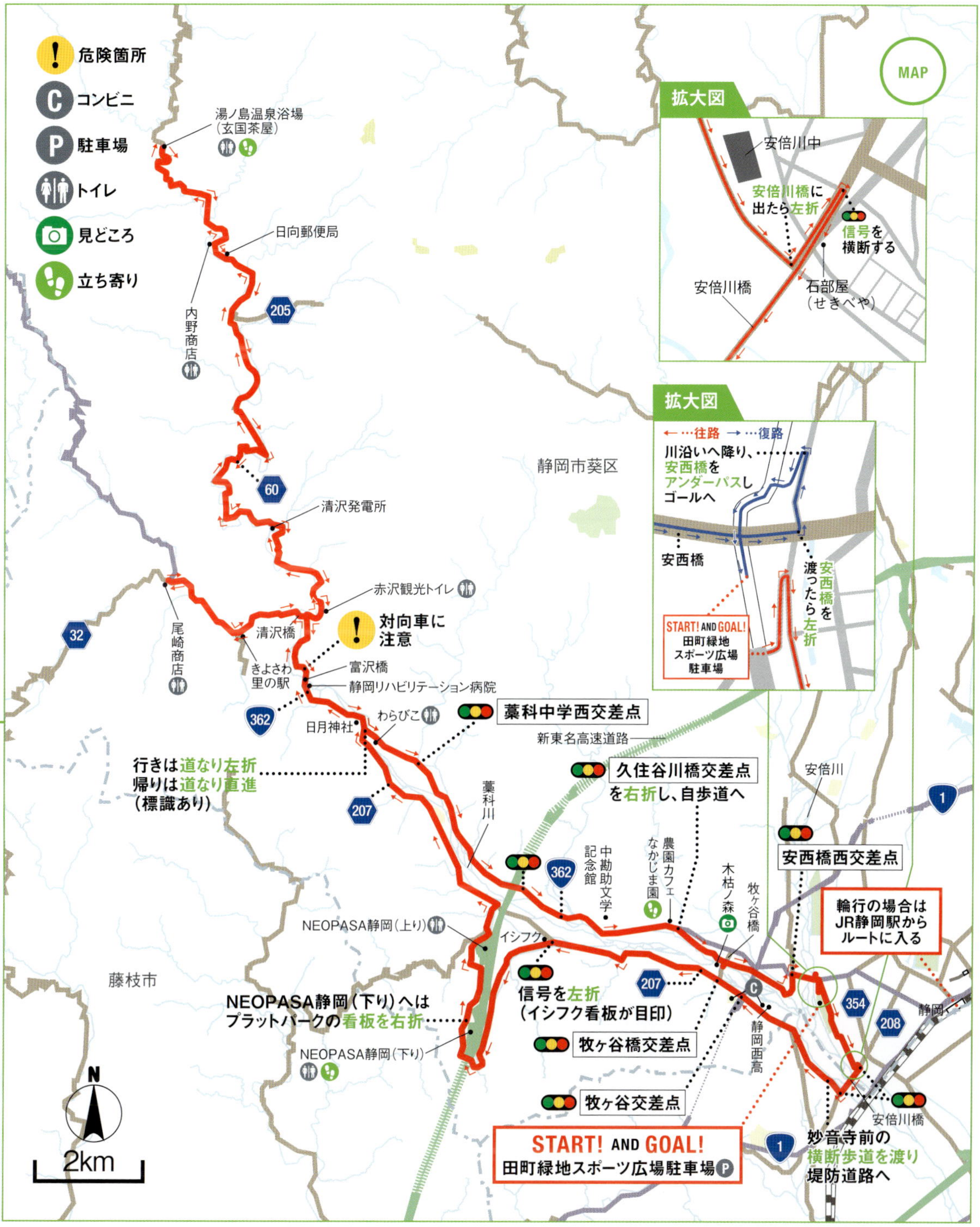
危険箇所
コンビニ
駐車場
トイレ
見どころ
立ち寄り
MAP
拡大図
安倍川中
安倍川橋に出たら左折
信号を横断する
安倍川橋
石部屋（せきべや）
拡大図
←…往路 →…復路
川沿いへ降り、安西橋をアンダーパスしゴールへ
安西橋
安西橋を渡ったら左折
START! AND GOAL! 田町緑地スポーツ広場駐車場
湯ノ島温泉浴場（玄国茶屋）
日向郵便局
内野商店
205
60
清沢発電所
静岡市葵区
赤沢観光トイレ
尾崎商店
32
清沢橋
対向車に注意
きよさわ里の駅
富沢橋
静岡リハビリテーション病院
362
日月神社
わらびこ
藁科中学西交差点
新東名高速道路
行きは道なり左折
帰りは道なり直進
（標識あり）
207
久住谷川橋交差点を右折し、自歩道へ
藁科川
362
中勘助文学記念館
農園カフェなかじま園
木枯ノ森
牧ヶ谷橋
安倍川
1
安西橋西交差点
輪行の場合はJR静岡駅からルートに入る
NEOPASA静岡（上り）
イシフク
藤枝市
信号を左折（イシフク看板が目印）
207
静岡西高
354
208
静岡
NEOPASA静岡（下り）へはプラットパークの看板を右折
NEOPASA静岡（下り）
牧ヶ谷橋交差点
牧ヶ谷交差点
安倍川橋
N
2km
START! AND GOAL!
田町緑地スポーツ広場駐車場
1
妙音寺前の横断歩道を渡り堤防道路へ

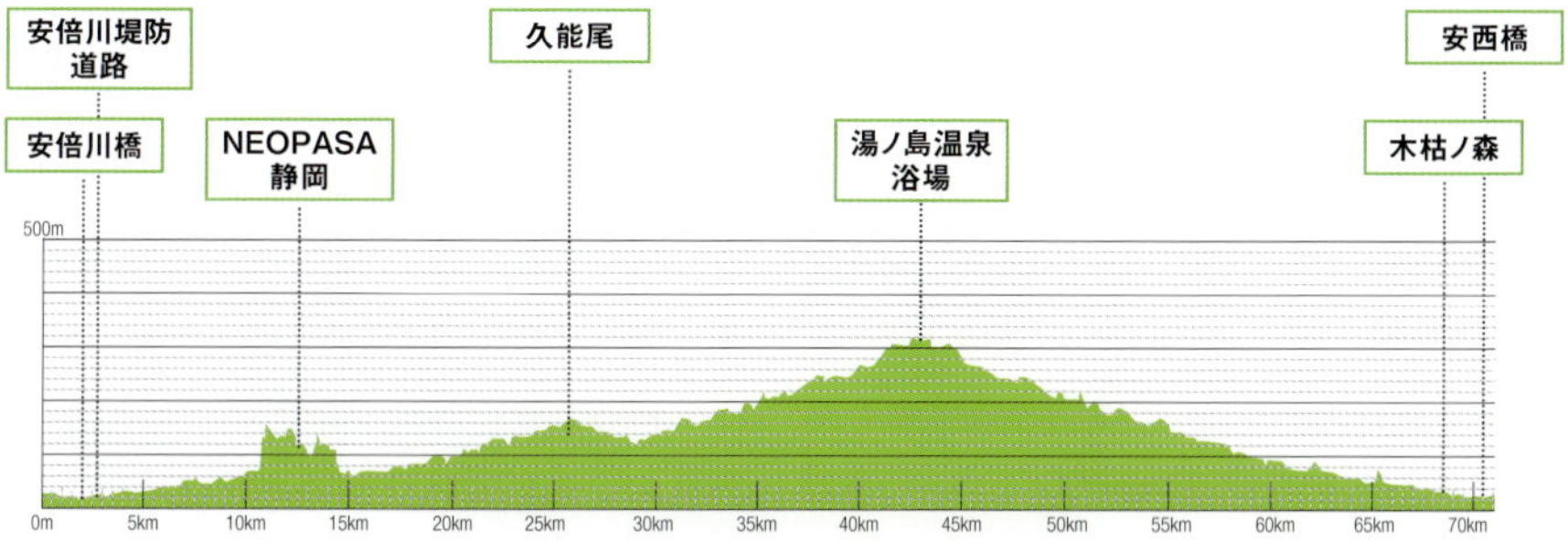
安倍川堤防道路
安倍川橋
NEOPASA静岡
久能尾
湯ノ島温泉浴場
安西橋
木枯ノ森
500m
0m
5km
10km
15km
20km
25km
30km
35km
40km
45km
50km
55km
60km
65km
70km

［Google MAP］

13 藤枝市～静岡市駿河区

難度	🚲🚲	起伏	
距離	40.0km	時間	約4時間
輪行OK	JR「藤枝駅」スタート		

コース紹介者　長島崇文さん

島田市大井町の「なるおかサイクル」に勤務。TEAM NARO所属。店のHPではイベント参加等の"活動誌"を更新中。
HP➡http://www.naro-jp.com/

自然散策と宿場町巡り 東海道ロマン感じる自転車小旅行

桜の名所にスタジアム 藤枝をタウンライド

静岡県中部の志太平野に位置する藤枝市から静岡市駿河区まで、40kmの走りやすいミドルライド。岡部、丸子、用宗といった東海道五十三次の宿場町を基点とした歴史探訪に加え、山や川沿いの自然サイクリングも楽しめるルートとなっている。

JR東海道本線・藤枝駅北口をスタートすると、駅前の「れんが道商店街」を抜けて北上。しばらく県道225号を進み、「勝草橋」を渡り左折。瀬戸川沿いの堤防道路に入る。この瀬戸川両岸と金比羅山では、3月下旬〜4月上旬になると約1000本のソメイヨシノが咲き誇り、県中部では最大級の桜トンネルが完成。春先にはお花見気分で優雅にペダルを漕ぐことができる。

その後、「金吹橋」を左折すると県道32号線を北上。藤枝バイパスの高架下を通過し、山々を眺めながら、市民の憩いの場である「藤枝総合運動公園」に向けて直進。公園入り口から適度な坂が現れるが、交通量も少な

START! 藤枝駅前れんが道商店街 → 瀬戸川 → 藤枝総合運動公園 → 蓮華寺池公園

START!

周辺の再開発が進むJR藤枝駅

1日あたりの乗降客数が掛川駅と並んで10000人を超える藤枝駅。南口にはBiVi藤枝などの複合商業施設もある静岡のベッドタウンだ。

瀬戸川の桜トンネルを抜けて

瀬戸川両岸と金比羅山では、3月下旬～4月上旬に約1000本の桜（ソメイヨシノ）が咲き誇り、約2.5kmにわたって見応えのある桜トンネルが完成する。

スケートパークも備える藤枝総合運動公園

「藤枝総合運動公園」はサッカー場以外にも陸上競技場、スケートパークなどを設備。スケートパークではBMXでアクロバティックな動きを見せるサイクリストの姿も。

アユ漁で知られる清流・朝比奈川

静岡市葵区、藤枝、焼津を流れる朝比奈川。豊かな清流にはアユとヤマメが生息し、毎年6月1日のアユ漁解禁を迎えると大勢の釣り人でにぎわう。

いので、風を感じながら気持ち良く走れることだろう。

藤枝総合運動公園を後にすると、そこから一つ目の信号を左折して東へ。道幅が狭く、交通量の多い通りなので注意しながら走ろう。そして洞雲寺を道なりに左折し、細い路地を進んでいくと「蓮華寺池公園」が見えてくる。この公園は藤の花の名所で知られ四季折々の花や野鳥が楽しめるので、自転車を手押ししながら、しばし散策するのにもいい。

蓮華寺池公園から今度は一路北上。藤枝バイパスの高架下を抜けて県道209号を北に進む。そして畑や古い街並みを眺めつつ田舎道を、朝比奈川と並行する形で進む。

新東名の高架下をくぐり、「関谷橋」を渡ったら道なりに右折。清らかな朝比奈川に沿った山間傾斜地では玉露茶、かぶせ茶、高級煎茶が特産。特に玉露茶は京都の宇治、福岡の八女と並ぶ日本の3大産地として知られている。

さらに羽佐間橋、殿橋を渡って上り基調の道を進んでいくと、畑の中にひと際高い建物、この地域の伝統行事である「朝比奈龍勢」で使用する発射台が見えてくる。龍勢とは全長10mを超える竹製のロケット花火のことで、室町時代に城から城への急を知らせる狼煙《のろし》に使用したことが始まりだと言われており、現在は六社神社の祭典に合わせて2年に1回、打ち上げられている。

この地点からほど近い道の駅「玉露の里」には、四季に応じた茶花が楽しめる茶花園や、朝比奈地区の茶葉を使った玉露や抹茶を味わえる茶室「瓢月亭」があり、人気を集めている。

玉露の里でお茶を楽しむ

数寄屋造り風の瓢月亭。情緒あふれる景色を眺めながら、お茶の作法を知らなくても、入館料500円（玉露または抹茶、茶菓子つき）で気軽にお茶を楽しめる。

岡部宿の歴史が詰まった柏屋

170余年にわたって往時の佇まいを伝えてきた大旅籠柏屋。中庭の周りには体験工房「夢の路」、和風レストラン「蔵cafe & dining coconomi（ココノミ）」、物産館「かしばや」を設置。入館料 は大人300円（中学生以下無料）。

宿場の趣を残す大旅籠柏屋
レトロなトンネルを抜け静岡へ

玉露の里から、走ってきた道をUターンし、県道209号から県道210号へ進み、新東名の高架下を通過する。途中、「貝立公園」付近の急な下り坂に注意しつつ、東海道五十三次の21番目の宿場で、今も江戸時代の風情を残す岡部宿に入る。この地域では国の登録有形文化財に指定されている「大旅籠柏屋」が、当時の旅籠の様子や人々の暮らしぶりを伝える貴重な建造物となっているので、東海道や岡部宿の歴史に触れたい方は覗いてほしい。

なお、このあたりで小腹が空いた時には、お米とその炊き方にとことんこだわった「ゆとり庵」がオススメ。米の旨味が凝縮したおにぎりや弁当をテイクアウトして味わえば、旅情がさらにアップしそうだ。

ここからは、岡部川に沿って北上。山あいのゆるやかな坂を上って、県道208号を進んでいく。そして、宇津ノ谷峠に入り、急勾配の坂をなんとか上っていくと、レトロな佇まいを残すレンガ作りの「明治のトンネル」が見えてくる。

内部にともる灯りが幻想的な空間を演出するトンネルを抜けて、スピードに気をつけながら峠の坂を下ったら、「静岡市街」方面の標識を左へ。

GOAL! ・・・ 用宗港 ・・・ 太平洋岸自転車道 ・・・ 丁子屋 ・・・ 国道1号 ・・・

立ち寄りスポット

茶葉をまぶした玉露ソフト
『道の駅 玉露の里』

ここでは玉露をはじめ土産物各種が買える。写真は茶葉を振りかける玉露ソフトクリーム（350円）。

住所／藤枝市岡部町新舟1214-3
定休日／年末年始（12月28日〜1月2日）
営業時間／9:00〜17:00
（12月〜2月 9:00〜16:00）
問合せ／054-668-0019

美味しいごはんが主役
『ゆとり庵』

店主が厳選した米は常時10銘柄以上を用意。写真はおにぎり3個セット（630円）。

住所／藤枝市岡部町岡部839-1
定休日／月・火曜日　営業時間／9:00〜14:00　予約は11:00〜13:00
問合せ／054-667-2827

潮風が心地良いカフェ
『Sarry's Cafe』

新鮮魚介のパスタやスイーツが味わえる。写真はミックスベリーパフェ（800円）。プラス275円でお得なドリンクセットに。

住所／静岡市駿河区広野5-11-15
定休日／火曜日（祝日の場合は営業）
営業時間／平日 11:00〜16:00、18:00〜20:00　土曜 9:00〜20:00 日曜 9:00〜20:00 ランチあり。平日ランチはドリンク込み。　問合せ／054-259-9961

レトロな佇まいの明治のトンネル

国の登録有形文化財でもある明治のトンネル。明治9年（1876）、難所と呼ばれた宇津ノ谷峠に初めてできた日本初の有料トンネルだった。

©丁子屋

とろろ汁で知られる丁子屋

丸子橋のたもとにある茅葺き屋根が趣深い丁子屋。名物の「とろろ汁」を中心に、自然薯や地元静岡の食材を使った料理が味わえる。

丸子川沿いの太平洋岸自転車道へ

丸子橋を渡り右折すると駿河区丸子〜駿河区南安倍を結ぶ7.5kmの太平洋岸自転車道へ。四季折々でいろいろな花が見られ、冬は水鳥の姿も。

GOAL!

JR用宗駅でゴール

白を基調としたモダンな外観の用宗駅。用宗漁港や海岸は駅の南側に位置する。毎年、海開きの日には駅の周辺などでイベントが行われる。

ワンポイントアドバイス

サイクリストとの交流も

「『玉露の里』はサイクリストの溜まり場にもなっているので、そこで情報交換など交流を図るのもサイクリングの楽しみだと思います。楽しみといえば、『ゆとり庵』のおにぎりもイチオシなのでぜひお試しを!」

明治のトンネルはスリップ注意

「岡部の道は交通量も多くないので、山や川といった自然の中を気持ち良く走れると思います。ただ、宇津ノ谷峠に入ってから通過する明治のトンネルは、朝露でスリップしやすいので注意してください」

ここから国道1号に入るが、交通量が特に多いので、走行にはくれぐれも注意してほしい。

そして、「二軒家」の標識を右折、県道208号を進み、「丸子橋」を渡った正面に見えるのが、とろろ汁で有名な「丁子屋」だ。東海道五十三次の20番目の宿場・丸子宿に位置し、慶長元年（1596）に創業したこの店は、歌川広重の浮世絵の題材にもなった名店として知られている。

駿河国の中心として栄えた静岡市の西端に位置する丸子には、他にも宇津ノ谷峠を監視する駿府の要城だった丸子城跡や、昔ながらの伝統工芸などを体験することができる、体験工房「駿府匠宿」などがあるので、ルートを外れて散策してみるのも楽しいはずだ。

その後、丁子屋手前の「太平洋岸自転車道」に入り、丸子川のせせらぎを聞きながら東へ移動。そして突き当たりを右折し、「化粧橋」を渡って県道366号に入れば、ゴール地点であるJR用宗駅は間近。

その前に、サクラエビとシラス漁が盛んな用宗港から道路を挟んで向かい側にある、「Sarry's Cafe」のスイーツで疲れを癒やすのもオススメ。オープンテラス席もあるので、潮風を感じながら自転車旅を振り返るのもいいだろう。

SHIZUOKA CYCLE TOURING

藤枝市〜静岡市駿河区

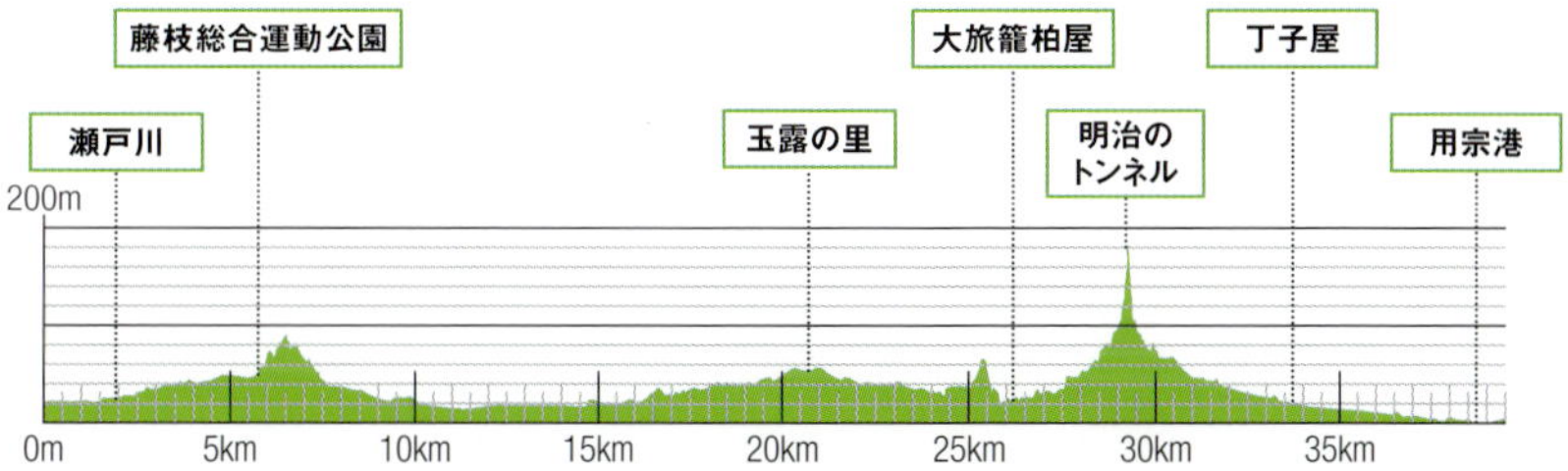

[Google MAP]

14 島田市～牧之原市～菊川市

難度	🚲🚲（3段階中2）	起伏	（3段階中2）
距離	37.4km	時間	約3時間30分
輪行OK	JR「島田駅」スタート		

コース紹介者 **松浦君裕**さん

スローライフ掛川【自転車】部所属。ロングライド歴は7年ほどで、ブルベイベントには積極的に参加している。

牧之原台地に粟ヶ岳の「茶」文字 “お茶処・静岡”体感ツーリング

世界一長い木造歩道橋・蓬莱橋 空港から広大な茶畑地帯へ

島田、牧之原、菊川の３つの市にまたがる日本一の茶の生産地、牧之原台地を基点としたルート。そのほかにも粟ヶ岳の「茶」文字など〝お茶処・静岡〟を体感できるスポットをはじめ、「蓬莱橋」や「富士山静岡空港」、旧東海道の古い町並みなど、バラエティーに富んだ風景を楽しめる。

ＪＲ東海道本線・島田駅をスタートし、まずは大井川に架かる蓬莱橋へ。〝世界一長い木造歩道橋〟（全長８９７・４２２ｍ）としてギネスに認定された橋上から眺める大井川の景色は、まさに壮観のひと言。

自転車を手押ししながら橋を渡り、今度は林間道を走行。上り坂を越えて牧之原地区に入ると、緑豊かな茶畑が目立ち始める。その後、ヘアピンカーブの下り坂に注意しながら進み、県道４０８号に入って富士山静岡空港を目指す。

空港までは道幅も広く、道路脇には花が植えられているので気持ち良く走ることができる。空港のロータリーを周回する形でUターンし、今度は一路西へ。

緑豊かな茶畑の風景を楽しみながらさらに西に進んでいくと、お茶の歴史・文化の展示や、茶摘み、手もみ体験ができる「ふじのくに茶の都ミ

START! → 蓬莱橋 → 富士山静岡空港 → お茶の郷博物館 → 牧之原公園 → 牧之原台地 → 粟ヶ岳

START!

島田市の中心駅からスタート

駅前の歩道スペースが広く、輪行の自転車を組み立てやすい島田駅。駅の南側を大井川が流れており、島田〜金谷駅区間で車窓からその流れを眺めることができる。

“世界一長い木造橋”蓬莱橋を横断

島田市街地から牧之原台地（茶畑）を結ぶ蓬莱橋は、歩行者と自転車の専用橋。通行は有料で歩行者は大人100円、小学生以下は10円。なお、自転車は手押しで渡ること。

旅客機の離発着を見届けて

2009年6月4日に開港した富士山静岡空港。空港までのルートには展望広場も設置。旅客機が離発着する光景は、航空機ファンならずとも心奪われる。

牧之原台地の広大な茶畑の中を疾走

牧之原台地は延々と茶畑が続く日本一の茶の生産地。明治維新以降、開拓が始まり、茶の育成に向いた土壌だったこともあって、今日のような一大産地となった。

ユージアム」が見えてくる。敷地内には博物館や江戸時代の大名茶人、小堀遠州の復元茶室などが設置されているほか、緑茶をはじめ地域の物産を販売する売店、レストランもあるので、休憩所としてもベター。

そこから程近い「牧之原公園」は、眼下に大井川、遠くには富士山や南アルプスなどを見渡せる絶好のビュースポットとなっているので、ぜひ押さえたいポイントだ。

その後も一路西へひた走る。このあたりは見渡す限り茶畑が広がっており、道幅も余裕があるので、爽快な気持ちでペダルを漕ぐことができる。牧之原台地ならではのサイクリングロードを満喫しよう。

粟ヶ岳を横目に南下 日坂宿を通り菊川へ

そして、県道234号を北上。茶畑の中、ゆるやかな勾配をグングンと走行し、〝茶文字の里〟として知られる東山地区に入る。途中で通過するゴミ集積所のあたりは、粟ヶ岳の山の斜面にヒノキで描かれた「茶」の文字の絶景スポット。四季折々の茶文字の表情を楽しめるのでチェックしよう。

このすぐ側にある「東山いっぷく処」はサイクルラックを設置しているので、東山茶を飲みながらひと休みするのに打ってつけ。

立ち寄りスポット

究極の濃い男抹茶ジェラートをお試し
『茶の都ミュージアムショップ』

ここでしか食べられない抹茶食べ比べパフェ(980円)が一番人気。世界一濃いといわれるNo.7抹茶ジェラートも入っている。

住所／島田市金谷富士見町3053-2
定休日／火曜日(祝日の場合は翌日)、年末年始
営業時間／博物館・売店9:00〜17:00
問合せ／0547-46-5588

サイクルラックも設置
『東山いっぷく処』

東山茶の他に地元で採れた野菜や果物、手作りスイーツなどを販売。写真は人気の東山名物茶文字まんじゅう(80円)。

住所／掛川市東山1173-2
定休日／月〜金曜日　桜開花から新茶のシーズン(3月下旬〜5月末)は無休
営業時間／8:30〜16:00(土日祝日)
問合せ／0537-27-2266

岡パンの愛称で愛される老舗パン店
『岡田製パン』

懐かしい総菜パン、マーガリンスティックパン、甘食と見て楽しい、食べておいしい「岡パン」は補給にピッタリ。

住所／掛川市日坂174
営業時間／9:00〜17:00
(季節により変動あり)
問合せ／0537-27-1032

東山いっぷく処 → 日坂宿 → 事任八幡宮 → 潮海寺 → GOAL!

粟ヶ岳に映える巨大な「茶」の文字

標高532mの粟ヶ岳に描かれた「茶」の文字。このような「静岡の茶草場農法」は2013年に「世界農業遺産」に認定されている。

25番目の宿場町・日坂宿

日坂宿にある旅籠屋「川坂屋」は、精巧な木組みと細やかな格子が特徴的な歴史情緒漂う建物。土・日・祝日のみ開館(年末年始と9月中旬の祭典時は除く)。

存在感ある市指定文化財・仁王門

菊川市指定文化財の潮海寺・仁王門は、木造寄棟造の八脚門。3年に一度行われる潮海寺祇園祭りでは多くの見物客がこの仁王門周辺に集まる。

GOAL!

東海道本線JR菊川駅でゴール

旧東海道から外れて、5kmほど南下した場所に位置する菊川駅がゴール。駅前には地元出身の漫画家・小山ゆうの「駅広ギャラリー」がある。

ワンポイントアドバイス

おもてなしに触れる

「『東山いっぷく処』で働いている地元の人のおもてなしが温かいですね。サービスで東山茶を振る舞ってくれたり、近辺の情報も案内してもらえるので、ぜひ立ち寄ってみてください」

下りはスピードに注意

「全体的に見ると起伏はゆるやかなコースだと思いますが、粟ヶ岳を後にしたあたりが下り基調になっていて、道幅も狭く見通しも良くはないのでスピードに注意してください」

「東山いっぷく処」を後にして南下。この周辺は下り基調なので気持ち良く走行できるが、林間道ではスピードの出し過ぎに注意が必要だ。

そして津島神社を越え、東海道五十三次の25番目の宿場であった「日坂宿」へ。昔ながらの面影を残す街並みの中で、特に往時を偲ばせるのが掛川市指定の有形文化財建造物「川坂屋」。ここは無料開放しているので、当時の日坂・東海道についてより深く歴史を学びたい人にはオススメだ。

「川坂屋」から西に坂を下ると左側に「岡パン」の紺暖簾を掛けた岡田製パンに到着。懐かしい焼きそばパン、メロンパンなどは補給食におすすめ。そのまま南に進むと、パワースポットとして知られる「事任八幡宮」が見えてくる。ここは〝願い事がことのままに叶う〟と言われる神社なので、思いの丈を祈願してみるのもいいだろう。

その後、道の駅「掛川」を過ぎ、急勾配の坂を上り、茶畑を眺めつつ下り坂を走行。東海道新幹線の高架下をくぐり、奈良時代に開かれたと伝えられる古刹・潮海寺の薬師堂、続いて「仁王門」を通り過ぎて南下。

そして東海道本線の線路を横断し、一つ目の信号を右折すれば、JR菊川駅に到着する。県内屈指の見ごたえあるスポットが満載なので、一度は走ってほしいルートだ。

島田市～牧之原市～菊川市

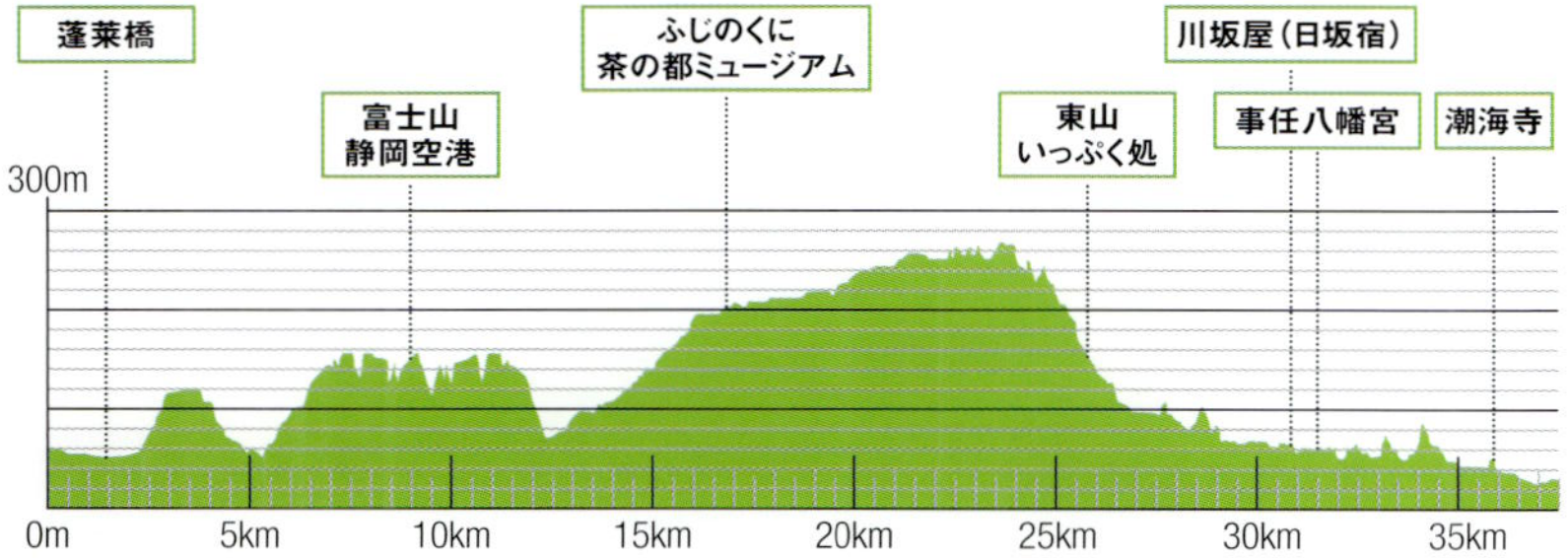

［Google MAP］

15 大井川流域

難度	🚲🚲	起伏	
距離	55.4km	時間	約5時間
輪行OK	大井川鐵道大井川本線「千頭駅」スタート		

静岡サイクルツーリズムの聖地
雄大な大井川の大自然巡礼ライド

レトロな電車に揺られて大井川輪行ツアーに出発

かつては東海道屈指の難所として名を馳せ、現在はサイクリングコースとして人気の高い大井川。この静岡を代表する一級河川の上流から、川沿いの大自然を満喫しながら南下する自転車小旅行。

スタート地点の大井川鐵道大井川本線・千頭駅は、日本では数カ所しか走っていないＳＬ（蒸気機関車）の走行区間で、鉄道マニアにも人気の路線。ＳＬ以外にも元京阪や元南海などの特急用中古車両を再利用しているので、そのレトロな雰囲気が輪行の旅情緒を演出してくれる。

駅を出発して、まずは県道77号を走行。涼やかな林道を進んでいくと、頭上に大井川を横断する大きな大井川本線の鉄橋の姿が見える。その高架下をくぐってさらに南に進み、そびえ立つ大杉が目印の「大泉院」を通過。

そして、のどかな山あいの風景を眺めつつ下り坂を進み、木造駅舎が味わい深い大井川本線・田野口駅を通り過ぎる。さらに南に進んで右折すると、国道362号へ。川根本町地区をトラックの往来に気をつけながら走行し、下泉橋を渡って再び77号に入ろう。

START!

千頭駅で自転車を組み立てる

大井川鐵道大井川本線で北上し千頭駅で下車し、自転車を組み立ててスタート。レトロな列車で旅気分を味わえるのも輪行の醍醐味。

広大な河原が広がる大井川

目の前に悠然と広がる大井川。その光景はしばし見入ってしまうほど。大井川は平均年降水量が3000mmの多雨地域のため、昔から水量が豊富。

樹齢800年の大杉がある大泉院

川根本町にある大泉院本堂。境内には樹齢800年とも言い伝えられている大杉が2本立ち、古木として大切に保存されている。

生い茂る林間道を颯爽とライド

大井川に沿って林間道を走行。連なった大きな杉が日陰を作り、夏でも森林浴を楽しみながら走ることができる。雨後は濡れた落ち葉に注意を。

その後、茶畑を横目に進んでいくと、右手に大井川に架かる長さ220m、高さ11mの「塩郷の吊橋」が見えてくる。この巨大な橋はテレビ番組「ナニコレ珍百景」でも〝足下が危険な吊り橋〟として紹介されただけあって、なかなかスリリング。橋の横幅は人一人がやっと通れるくらいの細さなので、度胸試しも兼ねて、〝大井川空中散歩〟をするのも貴重な思い出になるだろう。

この付近のもう一つのスポットといえば、この吊り橋のたもとにある地場産品を扱う店「せせらぎの郷」の脇道の奥で、ひっそりと流れる「夫婦滝」。寄り添うように流れる2本の小さな滝の姿、そしてその水しぶきの音がつかの間の安らぎをくれる癒やしの空間だ。

そして77号を進み、大井川本線・地名駅を通過。やや勾配のある下り坂を気持ち良く走行していくと、緑が生い茂る風景に赤色が映える「昭和橋」が見えてくる。さらに橋を越えて南に進んだら、道なりに左折。国道473号に入って、森方面へと進路を取る。

家山では大井川グルメを満喫 地蔵峠の坂に挑む

少し勾配のあるアップダウンを越えて進むと、やがて大井川本線・家山駅付近の街並みに入る。この周辺で

昔ながらの風情を残す田野口駅

昭和6年(1931)の開業以来の木造駅舎である田野口駅。昭和時代の雰囲気を残す駅舎を活かし、映画やドラマのロケーション撮影でも使用されている。

スリル満点の塩郷の吊橋

大井川に架かる橋の中では一番長い塩郷の吊橋(愛称:恋金橋)。ゆらゆらと揺れるので、渡る時には1m以上の間隔を取り、10人程度で通行するように注意。

は二つの甘味処を紹介したい。どこか懐かしい店構えの「たいやきや」では、川根茶を使った緑色の「抹茶たい焼き」が人気。古き良き時代の駄菓子屋を彷彿とさせる店内では、静岡おでんや焼きそばなども楽しめる。

　コースからは少しそれるが、「大福菓子道」の看板と、洋風のモダンな外観が目印の「加藤菓子舗」もオススメ。ふわっとした餅の食感と、アンコと生クリームのハーモニーが評判の名物「川根大福」は、わざわざ足を運んでも食べたい逸品だ。

　ついでに家山駅にも寄り道を。多客時には当駅止まりのSL急行も運行されるこの駅は、映画「男はつらいよ」や「鉄道員」などのロケ地として使用されるほど、味のある外観だ。また、駅のそばには川根温泉の運び湯を利用した「家山の足湯」もある。運が良ければSLが見られるかも。

　そのまま国道473号を南下していくと、大井川鐵道沿いに続く道に植栽された「家山の桜トンネル」を通過。このあたりは「家山緑地公園」を含めて県下有数の桜の名所として知られる場所なので、春先には気持ち良く走行できる。

　この桜トンネルが続く道沿いにあるのが、地元農家のお母さんたちが切り盛りする「さくら茶屋」。ここでは蕎麦や黒米をはじめ、川根の名産の数々を油揚げで包んだ郷土料理「川

家山の桜トンネル → 地蔵峠 → 大井川橋 → 大井川リバティ → GOAL!

立ち寄りスポット

家山の名物と言えばコレ
『たいやきや』

練り込まれた川根茶の香り漂うモチモチの皮が人気の「抹茶たい焼き」(150円)は、"お茶の里"川根町ならではの逸品。

住所／島田市川根町家山668-3
定休日／水・木曜日
営業時間／10:00〜13:30
問合せ／0547-53-2275

"大福 菓子道"の看板が目印
『加藤菓子舗』

生クリームを特製のアンコで覆い、薄めの大福餅で包んだ川根大福(4個入り790円、6個入り1150円)。夕方には売り切れになることも。

住所／島田市川根町身成3530-5
定休日／月・第1火曜日(祝日を除く)
営業時間／8:00〜17:00
問合せ／0547-53-2176

郷土料理が楽しめる
『さくら茶屋』

川根いなり(5個入り490円)の他にも、山菜そばやよもぎまんじゅう、手作りこんにゃくの味噌田楽など、地元の味を堪能できる。

住所／島田市川根町家山4164-1
定休日／火曜日
営業時間／9:00〜16:00
問合せ／0547-53-4505

人気のお花見スポット・桜トンネル

春先には、約1kmの区間で桜約280本が咲き誇り、優美なトンネルをつくり上げる桜トンネル。例年、桜まつりも開催される。

昭和橋から大井川を眺めて

県道77号に架かる昭和橋。この近くには施工途中の橋がそのままの形で残っており、ツタが絡まったその姿は幻想的。何とも言えない風情を漂わせている。

地蔵峠から見渡す市街地の風景

地蔵峠を上り切った先には、市街地を一望できる絶景スポットが。ゴールに向けて、広大な景色を眺めてリフレッシュしよう。

GOAL!

JR島田駅でフィニッシュ

最後はJR島田駅でゴール。江戸時代に大井川の川越制度が確立したことで、島田は宿場町として大いに栄えた歴史を持っている。

ワンポイントアドバイス

トラックに注意

「ルート内には国道473号の採石場周辺など、トラックの交通量が増える区間があります。特に地蔵峠では上ることに気をとられてしまうので、周囲に十分注意しながら走行してください」

雨後の路面に注意

「林間道や山間部の道は日当たりが悪く、雨後は路面が滑りやすくなっています。また、雨を吸った落ち葉にタイヤをとられやすいので、走行の際は十分に注意してください」

根いなり」が人気。テイクアウトして、景色の良いところで食べるのも、自転車旅の醍醐味だろう。

続いて家山地区から国道473号を南下、地蔵峠を目指す。途中、勾配の急な上り坂がしばらく続くが、ここは頑張りどころ。しっかりとペダルを踏み込んで上り切ろう。また、このあたりは道幅が狭く、トラック車両の往来も多くなるので、くれぐれも走行に注意してほしい。

坂上に到達し、峠から見渡す絶景を目に焼きつけたら、あとは心地良い下りルートへ。スピードの出し過ぎに注意しながら南へ進む。その後、新東名高速道路の高架下を通過して市街地へ。

そして水色のアーチ状開口部と、橋脚が16連並ぶ巨大な「大井川橋」を横断して川沿いへ右折。マラソンコースとして有名な「大井川リバティ」に入る。雄大な大井川の流れを眺めながら、整備が行き届いたフラットな道を爽快に5㎞ほど走行する。

木造歩道橋として世界一の長さを誇る「蓬莱橋」のたもとを左折し、北上すればゴール地点のJR東海道本線・島田駅に到着。

初級者から上級者まで楽しめる〝大井川巡礼ライド〟。静岡県内で輪行旅をしてみたいというサイクリストには、大井川鐵道を使ったこのルートを特にオススメしたい。

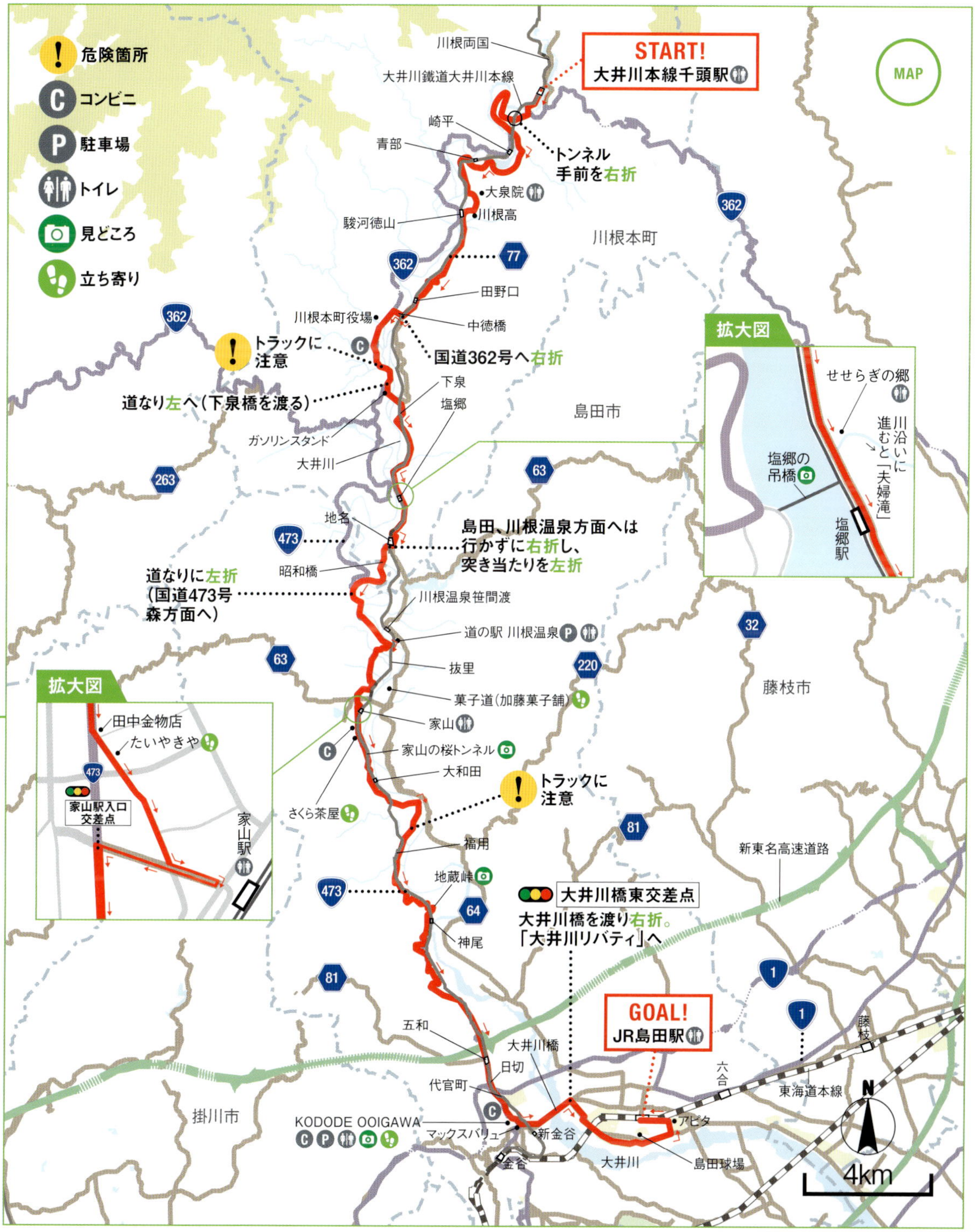
MAP
危険箇所
コンビニ
駐車場
トイレ
見どころ
立ち寄り
START!
大井川本線千頭駅
川根両国
大井川鐵道大井川本線
崎平
青部
トンネル
手前を右折
大泉院
川根高
駿河徳山
362
77
川根本町
田野口
川根本町役場
中徳橋
362
トラックに
注意
国道362号へ右折
下泉
道なり左へ（下泉橋を渡る）
塩郷
島田市
ガソリンスタンド
大井川
263
63
拡大図
せせらぎの郷
塩郷の
吊橋
川沿いに進むと「夫婦滝」
塩郷駅
地名
473
島田、川根温泉方面へは
行かずに右折し、
突き当たりを左折
昭和橋
道なりに左折
（国道473号
森方面へ）
川根温泉笹間渡
道の駅 川根温泉
32
63
220
抜里
藤枝市
菓子道（加藤菓子舗）
家山
拡大図
田中金物店
たいやきや
473
家山駅入口
交差点
家山駅
家山の桜トンネル
大和田
さくら茶屋
トラックに
注意
81
福用
新東名高速道路
地蔵峠
473
64
大井川橋東交差点
大井川橋を渡り右折。
「大井川リバティ」へ
神尾
81
1
1
五和
GOAL!
JR島田駅
大井川橋
藤枝
日切
六合
東海道本線
代官町
掛川市
KODODE OOIGAWA
アピタ
マックスバリュ
新金谷
金谷
大井川
島田球場
N
4km

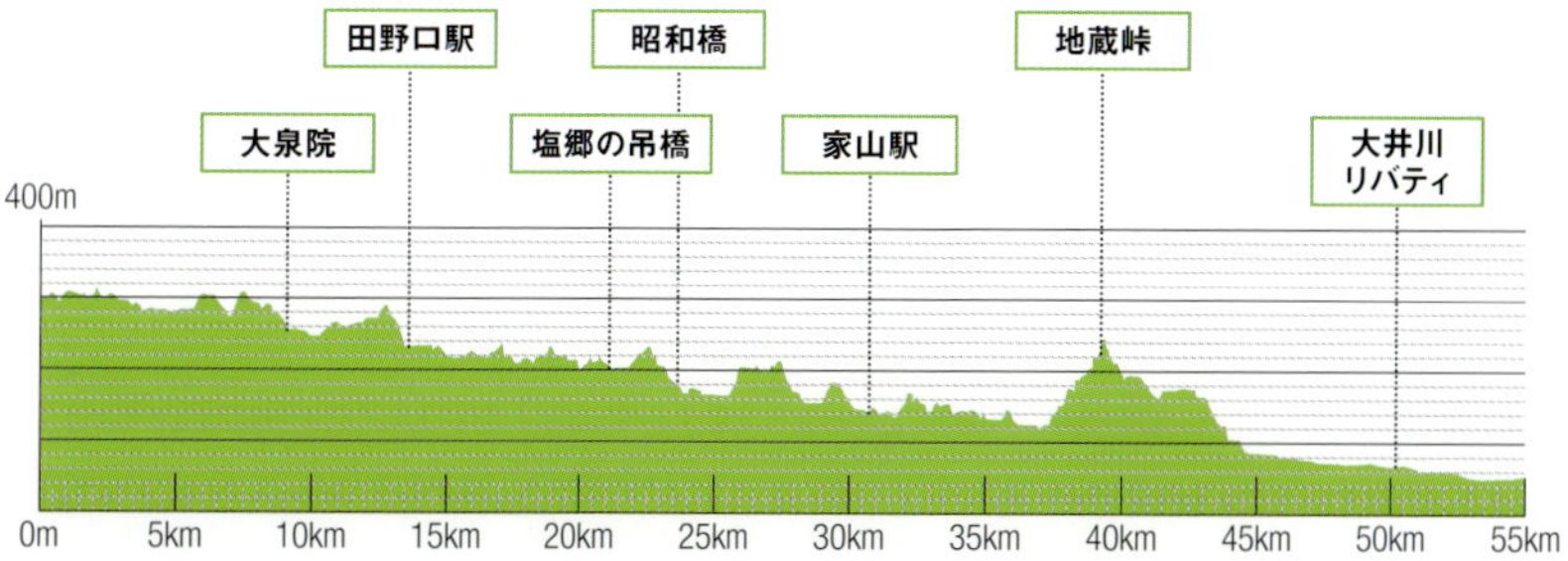
田野口駅
昭和橋
地蔵峠
大泉院
塩郷の吊橋
家山駅
大井川
リバティ
400m
0m
5km
10km
15km
20km
25km
30km
35km
40km
45km
50km
55km

［Google MAP］

みんなツーリングはどう楽しんでるの？

自分との闘いなのである！

「週末ちょっと走りに行かない？」
「いや～、今週末はちょっと予定が～。ごめん」
と友人の誘いを断った男は、土曜の朝レーパンを履きサイクルジャージを身にまとった。そう、彼は誰ともつるまないストイックな自転車乗りだったのである。今日も初めての峠に挑戦するのだ。……なんていうサイクリストもいるだろう。また、ひとりで走ったってつまらないよ、という人もいるでしょう。ツーリングに持っていくものだって人それぞれ。いったい、みんなはどんなツーリングをしているのか？ Facebook上でサイクリストのみなさんが答えてくれたアンケートを見てみましょう。

何人くらいでツーリングに出かけることが多いですか？

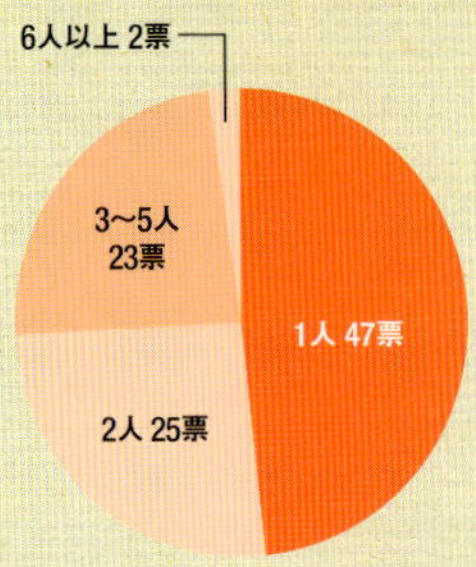

半数近い人がひとりでツーリングに出かけることが多いと答えています。ストイックだ。ふたりという人は決まった相手とだろうか？ 夫婦とか、恋人とか、親子とか、隣のおじさんと、とか……。3人以上で行くという人も結構いますね。やっぱり多くの友だちと走るのは楽しいですよね、ゴール後の乾杯も盛り上がりますしね。

そこに美味しいものがあるから漕げるのだ！

ツーリングのルート決めの最大のポイントは？

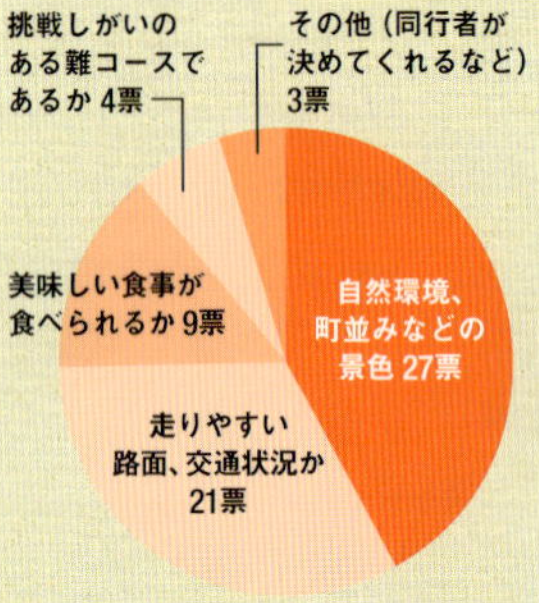

コースを決めるときに重視していることはなんだろう？ 景色がダントツかと思いきや、走りやすさを重視するという意見も多かった。ただ、これは当然の結果で、まず走りやすさありきでの景色の良さや美味しい食事ですものね。

でも中には美味しい食事だけが楽しみなんだよ、という人も。食事で摂取したカロリーを消費することができたのか?! 帰ったら食事と運動のカロリーバランスを計算した方が良さそうです。

少数意見の中には「風向きで決める」というご意見も。わかります。行きは追い風に乗って遠くまで来てしまい、帰りの向かい風に泣かされるなんてこともありますからね。からっ風吹き荒れる遠州にお住まいの方には特に共感いただけるかと。

静岡の水道水は美味しいんだよ！

ツーリングに持っていくものといえば、チューブに工具、それと忘れてはいけないのが水分と携帯食。これが無いと大変なことに。水分不足による脱水症状に加え、塩分も同時に取らなかったがための熱中症、エネルギー切れのハンガーノックも回避しなくてはいけません。

ツーリングに携帯する飲み物は？

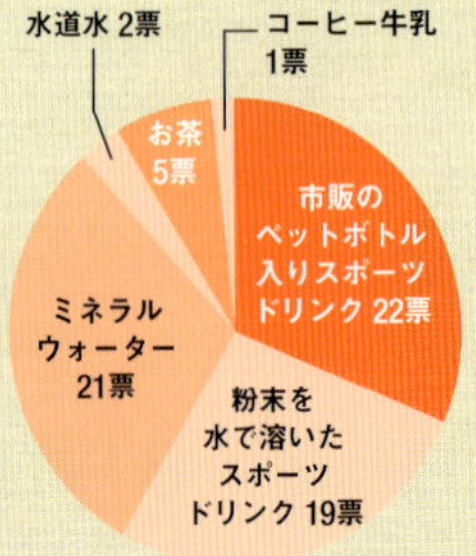

ツーリングに携帯する食料は？

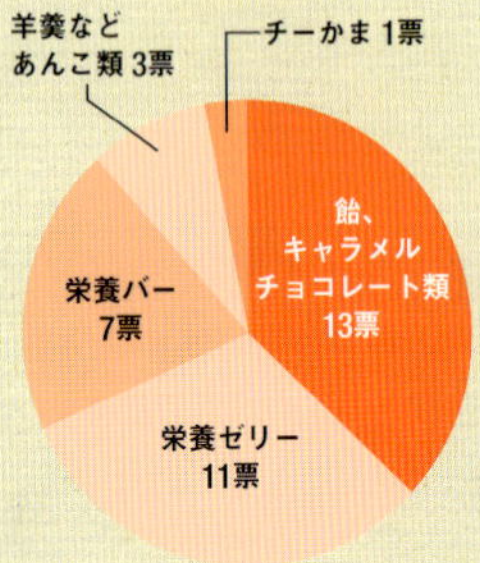

飲み物は、やはりスポーツドリンクが多いですね。一概にスポーツドリンクといっても成分により様々なタイプがあるので、目的に合わせて選びたいですね。

ミネラルウォーター、水道水合わせて水というご意見も3割ほど。暑い夏のツーリングのときなどは、水の方が身体に掛けたりできて便利な面も。

お茶好きの静岡県人、やはりいました、お茶の人。中にはコーヒー牛乳という人も。水分と同時に糖分もたっぷり摂ろうという作戦か？

携帯食も様々ですが、基本はエネルギー補給ができ、糖分を摂取できるもの。

やはり定番は飴やチョコレート。羊羹ならさらに腹に貯まるだろうが、あんこが苦手という人もいるのでしょうから、これはお好みで。

ある程度の長距離を走る場合は、効率よくエネルギー摂取ができる栄養ゼリーや栄養バーが良いですね。これらも、成分、味ともに種類は豊富です。ツーリングの度に違う種類を試してみて、好みのものを見つけるのもいいでしょう。

そして、"チーかま"という人も。そうです、あのかまぼこにチーズが入った長細いあれです。同じような形状の魚肉ソーセージを、常にバッグに忍ばせておくという人も私は知っています。というか、私です。

ツーリングに出かける人数も、持っていくものも、楽しみ方も、人それぞれ。そして、海、山、街、里山と素敵な景観の宝庫・静岡県を満喫するため、豊かな食を堪能するため、サイクリストたちよ、今日もサドルに跨がりペダルを踏み込むのだ！

SHIZUOKA CYCLE TOURING

西部

16 掛川市

難度	🚲🚲	起伏	
距離	39.1km	時間	約4時間

輪行OK 天竜浜名湖鉄道線「細谷駅」スタート

里山サイクリングとタウンライド
“観光と交流の町”掛川を満喫

単線ローカル列車と併走
ゆるゆると里山風景を進む

古くから城下町、東海道の主要宿場町として栄えてきた掛川市。里山の広がる日本の原風景の中を、ゆるゆるとした心地よい地形に身を任せて旅してみよう。

田園に囲まれた天竜浜名湖線・細谷駅をスタートしたら、線路沿いを北に向けて進路を取る。単線ローカルの天竜浜名湖鉄道の車両と併走したら、原谷駅を通過。そして、原谷橋と原谷大橋を渡って北へ進むと、花菖蒲やベゴニアで有名な「加茂花菖蒲園」の外壁が見えてくる。

ここは桃山時代から続く古い庄屋屋敷（加茂家）で、その敷地内にある花菖蒲園は、見頃となる5月中旬から6月中旬にかけて、多くの観光客でにぎわう。独自の育種改良に力を入れるアジサイ園も見応えアリだ。

加茂花菖蒲園を過ぎたら一路北へ。新東名高速道路の高架下を通過し、突き当たりを右折。正道橋を渡って原野谷ダム方面へ進む。このあたりは交通量も少なく、気持ちよくペ

START!

天浜線の無人駅から出発

細谷駅はかつて木造の待合室がひとつあるだけの古き良き時代の風情漂う無人駅だったが、平成27年に建て替えられた。

田園の中を天浜線と併走

線路脇の側道を天浜線と併走。線路と一般道はフェンスで区切られていないので、間近に電車を感じることができるのが心地良い。

サイクリストに優しい加茂花菖蒲園

5～6月には約1500品種の100万株が咲き乱れる加茂花菖蒲園。ここにはサイクリスト用に自由に使える空気入れポンプや、自転車の整備工具が用意されている。

林間道を抜けて雨櫻神社に到着

里山にある静かな雨櫻神社。涼やかな雰囲気の中、森林浴をしているような気分に浸れる。

ダルを漕げるだろう。その後、「農村公園」を通過して大野橋を越えると、おいしいジャージー牛乳で知られる「しばちゃんランチマーケット（柴田牧場）」が見えてくる。直売店ではジャージー牛乳を使ったスイーツやチーズが人気。ぜひ、よそではなかなか味わえない風味が生きたおいしさを堪能してほしい。

　柴田牧場を後にしたら、走ってきた道を新東名の高架下付近までUターン。その後、林間道に入ると上り坂が続くので、ここは力強くペダルを漕いでひと踏ん張り。生い茂る林間道が続くこの区間は、雨の後などは路面状況に特に注意しよう。

　林間道を抜けて川沿いの道を進んでいくと、雨桜山の山裾に位置する「雨櫻神社」に到着。ここは本来「天桜神社」という名称だったが、掛川城主・山内一豊の時代に〝雨乞い〟の祈願をされていたことから、いつの間にか雨櫻神社と呼ばれるようになったそうだ。

　厳かな雰囲気の境内で森林浴を楽しんだ後は、そのまま南下。しばらくすると、「六所神社」付近で堂々とそびえ立つ「垂木の大スギ」の姿が目に入る。この大樹は樹齢千年と言われ、根回り6・7メートル、樹高18メートルという立派なもので、掛川市の指定天然記念物にもなっている。

　垂木の大スギから続くのどかな田

絵画を通し
子供たちの感性に触れる

ねむの木こども美術館どんぐり。ここでは、女優の宮城まり子さんが肢体不自由児のための養護施設として日本で初めて設立した「ねむの木学園」に通う子供たちの作品を展示している。

舎道を走行しよう。

茶畑が見渡せる五明の丘
掛川のランドマーク掛川城

その後は北を目指して走って行く。イチョウの木が連なる牧歌的な道を軽快に進んでいくと、このルートでは最もキツイ坂道へと続く。この林間道を上り切ると見えてくるのが、絵本の世界を思わせるメルヘンチックな外観の「ねむの木こども美術館どんぐり」だ。

森の中に静かに建つこの美術館では、「ねむの木学園」に通う子供たちの個性豊かな絵やガラス作品などが展示されており、その独創的な世界観にはしばし目を奪われる。また、この「どんぐり」から700メートルほど離れた場所に位置する同美術館「緑の中」では、「ねむの木学園」創設者で女優の宮城まり子さん（故人）の原画なども展示されている。

ねむの木こども美術館を後にし、南下していくと、見渡すかぎりの茶畑が広がる田園地帯に出る。新茶の季節となれば、さわやかな風景を堪能できそうな道を走り抜けよう。

そして、急勾配の上り坂を越えて、彗星発見の地として知られる「五明の丘」へ。ここは高台から広がるお茶畑を眺望できる、コース内屈指の絶景スポットなので、ぜひカメラに一枚収めて欲しい。

五明の丘 → 岩谷隧道 → 掛川城 → ファニーファーム → GOAL!

彗星が発見された五明の丘

1994年7月6日の彗星発見日を記念して、「清き五明の空に 彗星 発見す」と書かれた石碑が建てられている。

まるで洞穴のような岩谷隧道

珍しい景色を紹介する某テレビ番組にも取り上げられた岩谷隧道。束の間のアドベンチャー気分を味わえるが、内部は狭いので注意しよう。

“東海の名城”掛川城へ

掛川城は山内一豊が城主となって建立。近年では大河ドラマ「功名が辻」でも話題に。その美しい姿から“東海の名城”と謳われている。

GOAL!

天浜線の東端の駅でフィニッシュ

天竜浜名湖鉄道線とJR線が利用できる掛川駅。東海道新幹線「こだま」の停車駅なので、遠方からも輪行しやすい。

ワンポイントアドバイス

岩谷隧道周辺は路面に注意

「岩谷隧道周辺は道幅が狭く、路面状態もあまり良くないので十分に注意して走行してください。また、岩谷隧道内は大変暗いので、必ずライトを点灯するようにしてください」

車の少ない道を楽しむ

「スタート直後の天浜線との併走区間や、柴田牧場までの県道269号を東に進む区間は車の往来も少ないので、景色を眺めつつ、気持ちの良いサイクリングを楽しむことができるでしょう」

立ち寄りスポット

コクのあるジャージー牛乳を使用

『しばちゃんランチマーケット』

牛乳プリン(240円)のほか、ジャージー牛乳の手作りソフトクリーム(310円)、チーズもオススメ。全品テイクアウト可。

住所／掛川市大和田25
定休日／火曜日(祝日は営業、翌日休み)
営業時間／10:00～17:00
問合せ／090-2342-2725

和洋折衷の建築美

『大日本報徳社』

平成21年に国の重要文化財に指定された大講堂は2階が吹き抜けの81畳の大広間。明治36(1903)年に建てられた洋風の窓に日本瓦の建築は現存する公会堂としては最古の建築物。

住所／掛川市掛川1176
定休日／祝祭日、12/29～1/4
見学時間／9:00～16:00
料金／200円、小中学生は無料
問合せ／0537-22-3016

地元野菜でボリュームランチ

『ファニーファーム』

おすすめは、生ハムとたっぷりサラダの自家製トマトソースピザ(M1430円～、写真)。もっちりとした生地でボリューム満点。

住所／掛川市駅前7-20
定休日／火曜日、第1･3月曜日
営業時間／10:00～21:00
問合せ／0537-62-0818

彗星発見の記念石碑を右折し、さらに南に進み、三差路を左折して進むと、まるで洞穴のような「岩谷隧《ずい》道《どう》」が見えてくる。ちょっとしたアドベンチャー気分を味わえるが、トンネル内は暗いのでライトの点灯を忘れずに。

県道39号に出たら、後はひたすら南下。39号は車通りが多いので、一本東側の道をチョイスして駅方面に向かおう。掛川のランドマーク的存在である「掛川城」は、JR掛川駅から徒歩7分と立地条件もよく、観光スポットとして広く親しまれている。すぐ脇には国の重要文化財に指定されている大日本報徳社もある。休息がてら、明治期の美しい建築美に触れることができる。また、城から駅へ続くメインストリートでは、一部を歩行者天国にして路上オープンカフェを開催する市民イベントなど、さまざまな催しも開かれている。

ここまで来ればゴールの掛川駅は間近。電車の発車時刻まで時間がある時には、このメインストリートから脇に入ったところにあるカフェ「ファニーファーム」へ寄り道するのもオススメ。

どこか懐かしい風景と自然に恵まれ、程良い起伏の道と里山の風景が魅力のこのコース。掛川市は県内でも有数のサイクリングスポットなので、一度は足を運んでほしい。

MAP
危険箇所
コンビニ
駐車場
トイレ
見どころ
立ち寄り
しばちゃんランチマーケット(柴田牧場)
農村公園
掛川市
大野橋
正道橋
行きは突き当たりを右折
帰りは高山橋の手前を路地へ左折
加茂花菖蒲園
新東名高速道路
269
39
左の写真の交差点を左折し、
右の写真の
矢印のように進む
ねむの木
こども美術館どんぐり
吉行淳之介文学館
急勾配の
上り坂
路面にも
注意
上垂木
ホタルの里
看板を
目印に左折
突き当たりを右折
中山商店
原谷大橋
原田
原谷大橋
を渡り
加茂荘の
看板を左折
雨櫻神社
この付近から茶畑が広がる
気持ちの良い区間
原谷橋
81
突き当たりを右折し
線路を渡り、
信号の交差点を左折
小島木材
急勾配の上り坂
原谷
81
81
五明の丘の
石碑を右折
上西郷交差点
原谷小
(電気店)
ちしろ
六所神社
中村香緑園
五明の丘
(彗星発見の石碑)
突き当たりを右折し
道なりに進む
垂木の大スギ
線路と小学校の
間の自歩道へ
39
トンネルは
暗いので
ライト点灯
40
373
270
START!
天浜線細谷駅
岩谷隧道
マクドナルド
三差路を左折
(緑色の一軒家が目印)
カインズホーム
コスモ石油
いこいの広場
細い道、路面状態が
悪い所もあるので注意
中央図書館
掛川市立
1
254
大日本報徳社
桜木
掛川城
連雀西交差点
掛川市役所前
天竜浜名湖
鉄道線
ファニーファーム
袋井市
西掛川
東海道本線
東海道新幹線
N
1
1km
GOAL!
JR掛川駅
東名高速道路

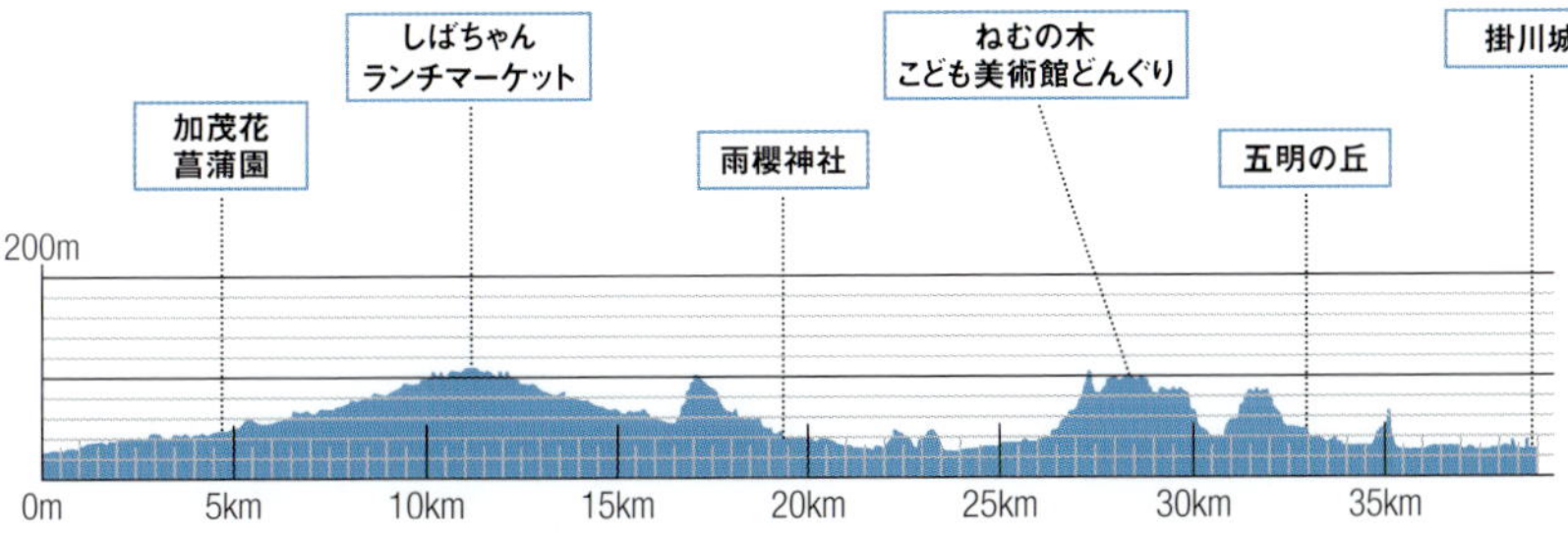
しばちゃん
ランチマーケット
加茂花
菖蒲園
ねむの木
こども美術館どんぐり
掛川城
雨櫻神社
五明の丘
200m
0m
5km
10km
15km
20km
25km
30km
35km

[Google MAP]

17 御前崎市〜牧之原市〜掛川市

難度	🚲🚲🚲	起伏	
距離	80.3km	時間	約7時間

コース紹介者 **鈴木渉さん**

大学時代にトライアスロン部に所属したのをきっかけに、ロングライドの魅力にハマる。「スタジオやまもり」代表。
HP➡http://yama-mori.jp

海岸線に茶畑に古き良き城下町 80kmロングライドで中東遠を攻略!

海岸線から茶畑へ中東遠ロングライド

磐田以東の県西部地域、通称・中東遠が舞台のコース。御前崎の海沿いから牧之原台地の茶畑、そして横須賀の古き良き街並みを通過して、最後は遠州灘を横目にロングラン。途中、アップダウンも見られる中・上級者向けのルートとなる。

大東海岸のマリーナ沿いにある温泉施設「リバティリゾート大東温泉」の駐車場をスタートし、国道１５０号を渡ったら、田園地帯を東へ走行して「高松神社」に到着。ここの本殿は２１３段の階段を上り切ったところにあるが、体力自慢のサイクリストが自転車を担いで運ぶこともある場所。頂上に立てば上り切った達成感と、海抜65mの眺望を味わえる。

その後、御前崎の最南端を目指して走行。途中、車通りの少ない新野川の堤防道路を進み、龍神伝説で知られる「桜ヶ池」へ。三方を原生林に囲まれた約2万平方メートルの池は、神秘的なムードを醸し出している。

続いて県道２４０号に入って白羽小学校を右折すると、遠州灘が見えてくる。そのまま県道３５７号のゆるやかな坂を下っていき、レンガ造りで白亜の塔形をした「御前埼灯台」に向かう。この灯台は一般公開（中学生以上３００円）されており、灯台

START! AND GOAL!

太平洋を見渡せる御前埼灯台

日本の灯台50選にも選ばれている御前埼灯台は、"灯台の父"リチャード・ヘンリー・ブラントン（英国）の設計で明治7年（1874）5月1日に完成。地上から塔頂までの高さは22.47m。

シートピアから出発

温泉と宿泊施設からなる完全会員制のリバティリゾート大東温泉。和風、洋風の二つの浴場や温水プールを備えている。営業時間は10〜20時まで。

"遠州の熊野三山"の一つ・高松神社

掛川市の三熊野神社、小笠神社とともに「遠州の熊野三山」と称されている高松神社。ちなみに、自転車を担いで階段を上ってもコースに合流できる。

静岡鉄道駿遠線の線路だった自転車道

静岡御前崎自転車道にあるノスタルジックな「地頭方」の駅名標。藤枝・袋井を結ぶ日本一長い軽便鉄道だった静岡鉄道駿遠線は、地頭方止まりの列車が多かったという。

上からは太平洋の大パノラマが望める。このあたりで小休憩を取る場合は、御前崎港内にある「御前崎海鮮なぶら市場」がオススメ。市場内にある「イタリアンジェラート・マーレ」の名物「しらすアイス」で糖分を補給しよう。

そして、潮の香り漂う御前崎漁港を通過して北上。田んぼと住宅が建ち並ぶ通りを走行すると、太平洋岸自転車道の一部をなす静岡御前崎自転車道に出る。このあたりはかつて軽便鉄道（静岡鉄道駿遠線）の線路だった場所。今も駅名標が道沿いに建ててあり、当時の面影を残している。

自転車道を西へ外れ、やや起伏のある通りから地下道を使って南遠道路をくぐり、県道２３９号を横断。一路北上してアップダウンのある道を抜け、西に進み県道69号に入る。このあたりからは緑のじゅうたんのように茶畑が広がり、香りとともにその景観を楽しめる。

下り坂でスピードと対向車に注意しつつ、さらに西に進み県道２４４号へ。途中で県道２５１号に入り、牛淵川を横断して少し走ると、メディアに取り上げられることも多い「角屋菓子舗」が見えてくる。和菓子なのに洋菓子のような味わいの看板商品・生クリーム大福はイチオシだ。

その後、掛川市文化会館を通り過

高天神城跡 → 横須賀 → 太平洋岸自転車道 → 潮騒橋 → GOAL!

立ち寄りスポット

ほんのり塩味。名物しらすアイス
『イタリアンジェラート・マーレ』

御前崎海鮮なぶら市場で人気のジェラート店。写真は期間限定のいちご味と、一番人気のしらす味をチョイスしたダブルコーン（420円）。

住所／御前崎市港6099-7 御前崎海鮮なぶら市場内　定休日／火曜日
営業時間／9:00〜17:00
問合せ／0548-63-5963

生クリーム大福は23種類
『角屋菓子舗』

名物の生クリーム大福（1個147円〜）はこしあん・栗・抹茶など定番をはじめ、季節限定商品を含め23種類。

住所／掛川市中938-3
定休日／水曜日
営業時間／9:00〜18:00
問合せ／0537-74-2641

身体と地球に優しい料理
『oheso』

酵素玄米やオーガニック野菜をふんだんに使い、無添加で体にやさしいランチを提供。豆乳やナッツ類を使った手作りスイーツも。

住所／御前崎市佐倉481-6
定休日／不定休
営業時間／12:00〜15:00
問合せ／050-3699-1419

どこまでも広がる茶畑の風景

古来より茶の名産地として知られる牧之原台地。さまざまな起伏が入り組んだ地形に広がる茶畑はどこを切りとっても、まるで絵はがきのような写真が撮影できる。

食パン型の大城隧道

県道249号と高天神城跡を繋ぐ山道にある大城隧道。道幅に対して天井が広いのが特徴で、一部では"食パントンネル"と呼ばれている。

古き良き時代の街並みを残す横須賀

城下町の風情を残す横須賀で特に趣があるのが、江戸末期創業の「割烹旅館 八百甚」。昭和6年に建てられた木造建築が歴史の重みを感じさせる。

GOAL!

海沿いの太平洋岸自転車道を疾走

太平洋岸自転車道のなかで、浜松市と御前崎市を結ぶ区間の正式名称は「静岡県道376号浜松御前崎自転車道線」。潮騒橋が見えてきたらゴールは近い。

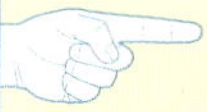

ワンポイントアドバイス

海岸線は砂だまりに注意

「御前崎の海岸線は走っていて気持ちいいです。海と山、両方の景観を存分に楽しめるルートで、景色も起伏同様、変化に富んでいると思います。最後の太平洋岸自転車道の砂には少し注意を」

茶畑まではアップダウン

「太平洋岸自転車道を抜けて、茶畑が見えてくるとアップダウンが細かに続き、上り坂がキツいかもしれませんが、適度に下り坂もあるので、サイクリングの醍醐味を味わってください」

ぎて山あいの道を北上すると、戦国時代に"高天神を制するものは遠州を制する"と呼ばれた要衝、高天神城跡の看板が見えてくる。そのまま草木の生い茂った林道を西へ走っていき、「大城隧道《すいどう》」をくぐると下り坂となるが、このあたりは路面の石や枝に注意して走ろう。

県道249号を南下した後は、県道69号に入って西へ走行し、どこか懐かしい街並みを残す「横須賀」へ。ここは南遠州地域の拠点だった横須賀城の城下町で、街道沿いの三熊野神社では毎年4月初旬に華やかな祢里（ねり）の曳き回しで有名な「三熊野神社大祭」が開催される。また、横須賀と言えばソース後がけの焼きそばが有名。

その後、田園風景の中を南下し、遠州灘が見えてきたら太平洋岸自転車道を構成する浜松御前崎自転車道線に入り、一路東へ。途中、路面が潮風で運ばれた砂で埋もれていることもあるので、その場合は手押しするのがベター。

自転車歩行者専用道路橋の「潮騒橋」を渡ればフィニッシュ直前。なお、潮騒橋を通行する時は横風に注意を。ゴールの大東温泉シートピアのバラエティー豊かなスパで旅の疲れを癒やすのもいいだろう。

MAP
危険箇所
コンビニ
駐車場
トイレ
見どころ
立ち寄り
袋井市
掛川市
菊川市
牧之原市
御前崎市
山道路面注意
高天神城跡
看板目印
シオーネを越え一つ目の十字路を右折
堂山新田交差点
ここから下りスピードに注意
新野原交差点
片側一車線の大きい道路（県道251号）を左折する
高橋交差点
茶畑が広がる
写真の交差点を左折
自転車を持って階段を登ってもコースに合流できる
苗代橋南交差点
旧地頭方駅跡
地頭方郵便局
地下道を使い国道150号をくぐる
港の裏道へ
マリンパーク入口交差点
なぶら市場（イタリアンジェラート・マーレ）
下岬
御前埼灯台
御前崎グランドホテル
白羽小
牛飼交差点
新川橋西交差点
信号を左折し、新野川の堤防道路へ入る
桜ケ池
oheso
おさ川ふれあい公園
高松神社
高松保育園子育て支援センター
START! AND GOAL!
リバティリゾート大東温泉
駐車場
潮騒橋
横風に注意
大東温泉交差点
太平洋岸自転車道は砂の堆積に注意
中新田交差点
中交差点
野中交差点
とうもんの里
八百甚
市役所支所
大須賀交番
大須賀変電所
大城隧道
高天神城跡
三光合成
大浜公園
シオーネ
掛川市文化会館
菓子舗角屋
仲屋
3km

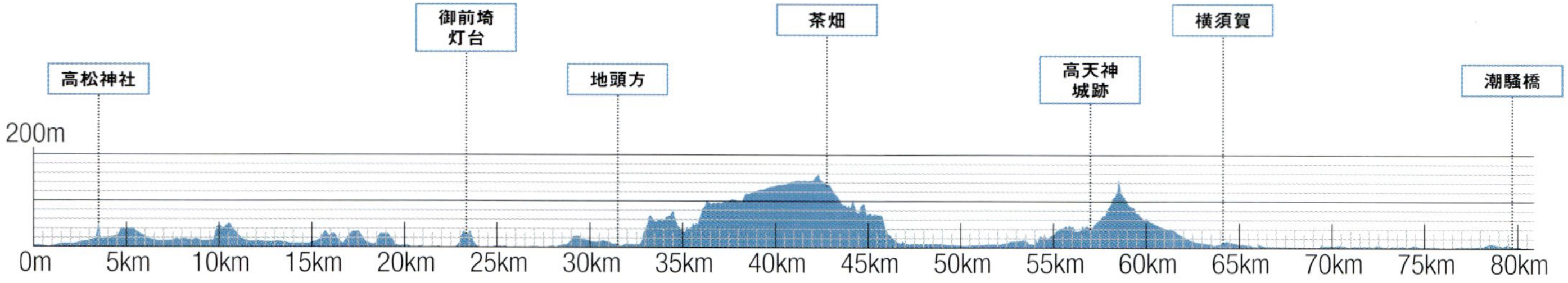
高松神社
御前埼灯台
地頭方
茶畑
高天神城跡
横須賀
潮騒橋
200m
0m
5km
10km
15km
20km
25km
30km
35km
40km
45km
50km
55km
60km
65km
70km
75km
80km

[Google MAP]

18 森町

難度	🚲🚲	起伏	
距離	40.4km	時間	約4時間30分
輪行OK	天竜浜名湖鉄道「戸綿駅」スタート		

舞台は"遠州の小京都"森町 情緒漂う景色の変化に身をゆだねる

コース紹介者 山﨑清一さん
掛川市上張にて「サイクルランド ちゃりんこ」を経営。サイクリングチーム「team vivace」を主宰。HP➡http://www.cycleland-charinko.jp/

心地よい太田川の自歩道から かわせみ湖を目指す激坂へ

アルプス赤石山系に連なる森林と清流の大自然に包まれ、秋葉街道の宿場町として栄えた森町。「小國神社」や「大洞院」など由緒ある名所をはじめ、昔ながらの街並みを中心に"遠州の小京都"を自転車散策。

天竜浜名湖線・戸綿駅をスタートしたら、太田川沿いを一路北上。堤防には約2㎞にわたって「太田川桜堤」と呼ばれる桜並木が続く。春は満開の桜の下、小川のせせらぎを聞きながら気持ち良く走れるルートだ。

「蔵雲橋」を渡ってさらに山あいの道を北へ向かうと、やがて「アクティ森」が見えてくる。ここは森町の伝統工芸である陶芸や草木染などを楽しめる体験施設で、地元の味を堪能できるレストランや特産品売場もあるので、小休憩にもちょうどいい。

アクティ森を過ぎたら、フラットな県道399号をしばらく走行。吉川上流に向かって進み、キャンプ場「カワセミの里」を通り過ぎると、徐々に上り坂になってくる。このあたりは雨後の小石や落ち葉に注意してほしい。

そして、上りがい十分の激坂を頑張って漕いでいくと、国の重要文化財に指定されている「友田家住宅」に到着。江戸時代（元禄期）に建てら

重要文化財・友田家住宅

森町中心部から北へ12.5kmの亀久保地区にある。江戸時代に庄屋だった旧家で寄棟造り。見学は、4～9月は9:00～16:30（時期により異なる）。

START!

高架上の戸綿駅からスタート

天竜浜名湖鉄道・戸綿駅は高架駅のため、ホームからは町や茶園が一望できる。また、駅のすぐ西が太田川なので鉄橋が隣接、古き良き時代の鉄道の風情がある。

太田川沿いの桜並木を走行

周智郡森町北部から袋井市、磐田市を南流、遠州灘に流れ込む太田川。上流には太田川ダム（かわせみ湖）がある。上流部は地元では吉川と呼ばれている。

アクティ森ではMTBもレンタル可能

敷地面積約36,000平方メートルのアクティ森。カヌーやテニスコートやレンタルマウンテンバイクなども備え、ここだけでも1日過ごせる観光スポットだ。

れた茅葺き屋根が見事で、見学することができる（有料）。代々庄屋を務めた旧家で、県下に現存する民家では最も古い部類だという。

　さらに友田家住宅から北上、太田川ダムの貯水池である「かわせみ湖」を目指す。再び急勾配の激坂を迎えるが、これを乗り越えれば疲れも吹き飛ぶ絶景が待っている。湖の周辺には休憩所や散策コースも整備されている。

古都・森町の街並みと遠州きっての古社・小國神社

　かわせみ湖沿いを反時計回りで周回し、走ってきた道をUターン。激坂区域は下りとなるので、くれぐれもスピードには注意したい。そして、アクティ森を通り過ぎて「元開橋」を渡ったら左折、太田川沿いに入る。

　古くから川に架かる小さな「城下延城橋」の趣ある姿を眺めたら、右折。街道沿いに展開する、城下の古い街並みを眺めながらゆっくりと走ろう。

　このあたりは家屋が街道に沿って、ノコギリの刃のように雁行して建っているので、昔ながらの雰囲気を味わうとともに、街並みを観察してみるのもおもしろい。

　城下交差点を過ぎ、県道58号の西に並行する道を南下すると、右側に見えるのが「ジェラートの店アリア（高

GOAL! ・・・ 太田茶店 ・・・ 小國神社 ・・・ 大洞院 ・・・ 森町城下

立ち寄りスポット

こだわり素材の絶品ジェラート
『ジェラートの店アリア(高柳米穀店)』

高柳米穀店の中にあるイタリアンジェラートの店。シングルコーン(300円〜)をはじめ、5種類選べる「彩り」(500円)もオススメ。

住所/周智郡森町森214
定休日/無休
営業時間/9:00〜19:00(冬期18:00)
問合せ/0538-85-2354

香り豊かな森町銘菓・梅衣
『栄正堂』

甘く煮たシソの葉でぎゅうひと餡を包んだ梅衣(1個145円)は、酸味と甘みが程よいバランス。明治維新の頃に森町で作られ始めたと言われている。

住所/周智郡森町森584-1
定休日/水曜日(不定休あり) 営業時間/8:00〜18:00(冬期17:00まで)
問合せ/0538-85-2517

大きな「赤い急須」が目印
『太田茶店』

おにぎりセット(11:00〜13:30)はA(おむすび2個・汁物・おしんこ=385円)と、B(A+小鉢・甘味=550円)の2種類。

住所/周智郡森町一宮3822
定休日/火曜日(月により変更あり)
営業時間/9:00〜16:00
問合わせ/0120-12-2491

かわせみ湖を目指して激坂を疾走

友田家住宅からかわせみ湖までは初心者にはきつい激坂が続く。湖ではアーチ状の「かわせみ橋」や展望台のある「彩り岬」などで休憩をとろう。

大洞院で森の石松の墓をお参り

博打打ちとして知られる石松。それにあやかり、「その墓石を持っていると勝負運が付く」との噂から、削り取られたり盗難にあったりしたため、現在の墓石は3代目。

小國神社のお参り後は横丁で一服

鳥居の外には、開運団子や遠州森の茶を楽しめる「ことまち横丁」が軒を連ねているので、お参りが済んだ後に一服するのもベター。

GOAL!

風情漂う遠江一宮駅

駅舎は国の登録有形文化財として登録されるほど風情を感じさせる佇まい。駅舎内の手打ち蕎麦の店「百々や」は、数量限定の人気店。

ワンポイントアドバイス

かわせみ湖までは激坂

「『友田家住宅』や『かわせみ湖』付近の激坂は初心者には難易度が高いですが、素晴らしい景色が待っているのでぜひ頑張ってみてください。また、下る際にはスピードの出し過ぎにご注意を!」

自転車ならではの利便性

「城下地区など森町の街中では一方通行が多かったり、旧街道では自動車が入れない箇所を走ったりもするので、自転車の利点を活かした楽しみ方ができると思います」

柳米穀店内)」だ。ここは静岡県産のお米や森町特産の次郎柿を使ったものなど、手作りジェラートが常時30〜40種類は揃っているので、夏場に一息つくにはもってこい。また、近くには森町銘菓「梅衣」が有名な「栄正堂」もあるので、どちらも糖分補給に立ち寄りたい。

太田川沿いを離れると、森町の中心部より北西に位置する「大洞院」へ。ここは全国に3400余の末寺を持つ曹洞宗の古刹で、門前にある清水次郎長の子分として有名な「森の石松」の墓が見どころだ。

続いて5㎞ほど西に走って、大己貴命(おおなむちのみこと)を祀る「小國神社」にも足を延ばす。ここは一年を通して花木が美しく、春は約1000本の桜、6月は花菖蒲、11月中〜下旬には宮川沿いの紅葉が見事だ。

県道280号を南下して、大きな赤い急須のオブジェが目印の「太田茶店」へ。喫茶スペースでは軽食や甘味が楽しめるので、地元森町のお茶とともにくつろぎたい。

そして新東名高速道路の高架下をくぐり、天浜線の線路沿いを西へ進んで遠江一宮駅に到着。ルート全体を通して走行距離はそれほど長くはないが、友田家住宅やかわせみ湖の付近は急勾配の坂もあるので、中・上級者にオススメしたい。

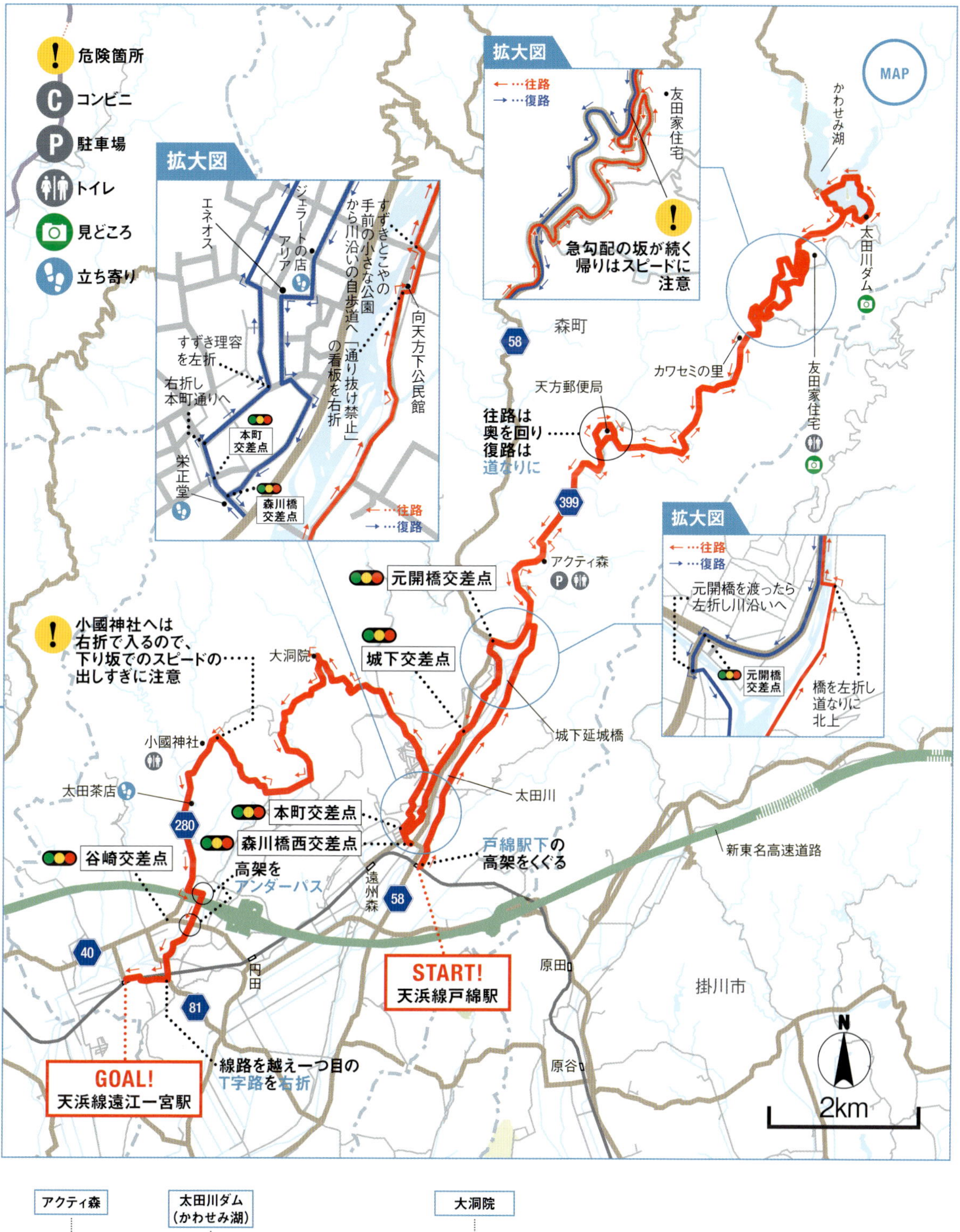
危険箇所
コンビニ
駐車場
トイレ
見どころ
立ち寄り
MAP
拡大図
往路
復路
エネオス
ジェラートの店
アリア
すずきとこやの手前の小さな公園から川沿いの自歩道へ
「通り抜け禁止」の看板を右折
向天方下公民館
すずき理容を左折
右折し本町通りへ
本町交差点
栄正堂
森川橋交差点
拡大図
友田家住宅
急勾配の坂が続く帰りはスピードに注意
かわせみ湖
太田川ダム
森町
58
カワセミの里
友田家住宅
天方郵便局
往路は奥を回り復路は道なりに
399
アクティ森
元開橋交差点
城下交差点
拡大図
元開橋を渡ったら左折し川沿いへ
元開橋交差点
橋を左折し道なりに北上
城下延城橋
小國神社へは右折で入るので、下り坂でのスピードの出しすぎに注意
大洞院
小國神社
太田茶店
280
太田川
本町交差点
森川橋西交差点
谷崎交差点
高架をアンダーパス
戸綿駅下の高架をくぐる
新東名高速道路
遠州森
58
40
円田
81
START!
天浜線戸綿駅
原田
掛川市
原谷
GOAL!
天浜線遠江一宮駅
線路を越え一つ目のT字路を右折
N
2km

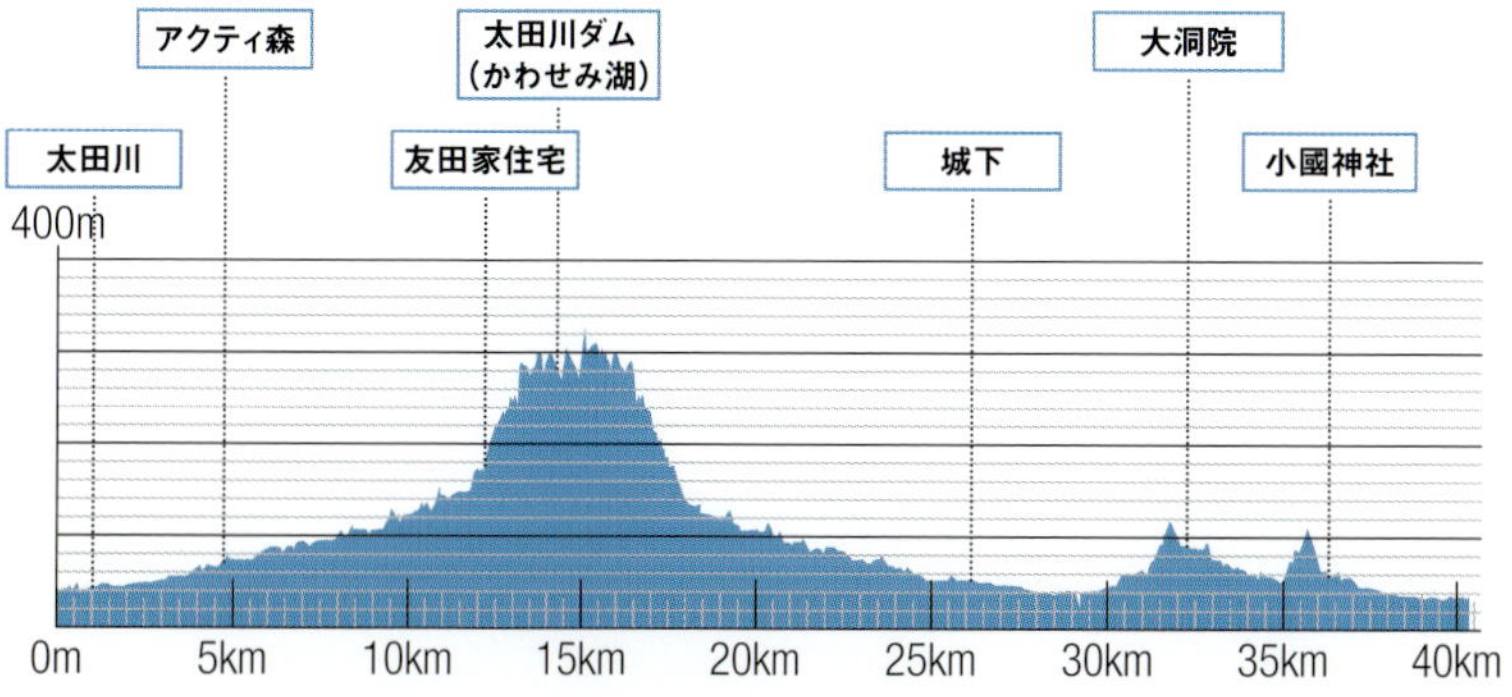
アクティ森
太田川ダム（かわせみ湖）
大洞院
太田川
友田家住宅
城下
小國神社
400m
0m
5km
10km
15km
20km
25km
30km
35km
40km

［Google MAP］

19 袋井市～磐田市

難度	🚲🚲	起伏	
距離	51.8km	時間	約5時間
輪行OK	JR「愛野駅」スタート		

遠州三山から大型スタジアムまで
見どころ満載の袋井&磐田“今昔探訪”

エコパから法多山尊永寺まで袋井・磐田の名所を探訪

　袋井市と磐田市にまたがるルート。全国的に知られる名刹・遠州三山（法多山尊永寺、萬松山可睡斎、医王山油山寺）を中心にエコパスタジアムや旧見付学校、桶ヶ谷沼など多彩なスポットを巡る。距離はそれなりに長いが起伏はそれほどないので、初心者にもオススメだ。

　まずはＪＲ東海道線・愛野駅を出発して南下。やや勾配のある坂を上ってエコパスタジアム（正式名称・小笠山総合運動公園スタジアム）へ。収容人数約5万人の巨大なスタジアムを眺めながら、ゆるやかに続く小笠山の坂道を進むと、まもなく厄除け団子で有名な「法多山尊永寺」の表参道が見えてくる。

　法多山は江戸時代に東海道の名所としてにぎわっただけあって、壮大な造りの本堂は格式の高さを感じさせる。桜の名所としても知られ、春になると約４００本のソメイヨシノと、その他３００本の桜が見事に咲き誇る。

　法多山を後にし、茶畑の中を西へ。そのまま県道２５１号を進み、東海

START!

エコパの最寄り駅・JR愛野駅

2002年のFIFAワールドカップに合わせて開通した愛野駅。エコパスタジアムの最寄り駅ということもあり、周辺にはサッカー場のスタンド席やゴールを模した建造物も。

広大なエコパを横目に軽快に疾走

エコパスタジアムは2001年に完成した陸上競技場。過去に「ブロンプトン・ジャパニーズ・チャンピオンシップ」が開催された、自転車とも関係が深いスタジアムだ。

歴史と格式を感じさせる法多山尊永寺

年間を通じいろいろな祭事が行われている。指定の駐輪場は用意されていないが、手押しで境内への自転車の持ち込みが可能。その際、歩行者には十分注意しよう。

春には花見客で賑わう原野谷川

太田川の支川である原野谷川。近くにある原野谷川親水公園には湿性植物生態園、全面芝生の多目的広場、バーベキューが可能なデイキャンプ場がある。

道新幹線の線路沿いを走行。そして「高尾南」の標識を左折する。

その後、「鉄開橋」を渡ったら左折し、原野谷川沿いの堤防道路へ。このあたりは桜のアーチが続くので、満開の時期にぜひ訪れたい。そして原野谷川を再び東側へ渡り、しばらく南下。県道403号を越えて、のどかな田園の中を進み、今度は西に進路変更。

県道255号を横断し、太田川に架かる「和口橋」を渡って右折。東海道新幹線と東海道本線の高架下をアンダーパスし、ジュビロ磐田の本拠地である「ヤマハスタジアム」の横を通りすぎていく。

先ほどの畑の風景とは打って変わった、ヤマハの工場街を通り抜けていくと国道1号に出る。途中、車通りの少ない住宅街に入り西に進むと、磐田市の代表的な建造物「旧見付学校」に到着。国の史跡に指定されている旧見付学校は、現存する日本最古の木造擬洋風小学校校舎で、現在は教育資料館として教育関係の資料などを中心に展示。明治時代の授業風景が人形で再現され、当時の教材も見られる。

もしこの付近で小休憩を取りたい場合は旧見付学校の隣にある「みつけ屋」がオススメ。できたての大判焼きを食べて、甘い物で疲れを癒やそう。

**ジュビロ磐田の本拠地では
ジュビロくんがお出迎え**

ヤマハスタジアムの入り口付近ではジュビロ磐田のマスコットで、静岡県の県鳥“サンコウチョウ”がモチーフの“ジュビロくん”に会える。

日本最古の木造擬洋風小学校

明治8年(1875年)に落成・開校式した旧見付学校。建物の北側には総社の神官であった大久保忠尚が明治元年(1868年)に創建した磐田文庫がある。

磐田の文化と自然に触れ遠州三山を目指す

その後、学問の神様で有名な「見付天神」のすぐ裏山に広がる「つつじ公園」付近のアップダウンを経て、やや勾配のある県道277号を上っていく。そしてスズキ磐田工場に沿って右折、長い下り坂を東に進んでいくと、県下有数の平地性淡水池沼で、県内のトンボの3分の2、国内の3分の1の種類が生息する「桶ヶ谷沼」が見えてくる。

この沼周辺は野鳥や魚、水生植物など多くの動植物が生息する自然の宝庫なので、自転車を降りてぶらりと歩くのに打ってつけ。3月中旬、沼の入り口一帯が菜の花で黄色一色になる頃も見応えがある。

続いて太田川に並行する形で北上。途中、堤防道路で川の流れを間近に感じながら北に進み、「深見橋東」の標識を右折して東に向かう。美しい住宅が建ち並ぶ「可睡の杜」を通過すれば、“花の寺”として知られる「可睡斎」に到着。

ここは徳川家康ゆかりの寺として知られ、東海道一の禅の修行道場としても名を馳せる場所。50種5000株が咲き誇るボタン園は4月初旬から5月初旬に見頃を迎え、鮮やかな色合いで目を楽しませてくれる。

この可睡斎のそばには手作りジェ

GOAL! ・・・ 東海道どまん中茶屋 ・・・ 旧東海道松並木 ・・・ 油山寺 ・・・ 可睡斎 ・・・

立ち寄りスポット

遠州三山の一つで東海屈指の禅寺

『可睡斎』

室町時代初期に開山された東海屈指の禅の大道場。瑞龍閣菊の間(写真)と菖蒲の間のふすまには室名の絵が描かれている。

住所／袋井市久能2915-1
拝観時間／8:00～16:30
拝観志納金／500円
問合せ／0538-42-2121

できたての大判焼きが名物

『みつけ屋』

先代の「谷口屋」から引き継ぐ形で2019年にオープン。大判焼きはクリームとアンコ(各1個120円)。その他、しっぺいサッカーボールもなか(2個320円)も人気。

住所／磐田市見付馬場町2583-1
定休日／火・水曜日
営業時間／11:00～18:00
問合せ／0538-32-75256

可睡斎門前の手作りジェラート店

『じぇらーとげんき』

日替わりで常時16種類のジェラートが並び、写真の可睡ぼたんと特選抹茶などが人気(シングル400円、ダブル450円)。

住所／袋井市久能2952-1
営業時間／10:00～17:00(祝日は営業)
定休日／木曜日・第3水曜日
問合せ／0538-43-7766

桶ヶ谷沼で自然散策を

県の自然環境保全地域に指定されている桶ヶ谷沼は日本有数の"トンボの楽園"として知られ、ベッコウトンボをはじめ70種類が確認されている。

徳川家康ゆかりの可睡斎

可睡斎の寺号は第11代住職が徳川家康公の前で「居眠り」をしていても許されるほどの存在で、「可睡和尚」と呼ばれていたことに起因する。

油山寺で目と足腰をリフレッシュ

"目の御佛様"御本尊薬師如来と、"足腰の神様"軍善坊大権現がまつられている油山寺は目と足腰のお守りが人気。サイクリングのお供にいかが。

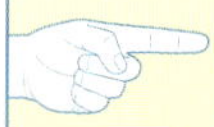

ワンポイントアドバイス

季節の表情を楽しむ

「お花見シーズンの原野谷川堤防道路には見事な桜トンネルが出現します。また、桶ヶ谷沼は春の菜の花をはじめ、トンボや野鳥など季節ごとにさまざまな表情に出会えるスポットです」

ジュビロ磐田の試合日に注意

「ヤマハスタジアム周辺は、Jリーグの試合開催日には車、歩行者とも大変混雑します。ジュビロ磐田のホームページなどで予め開催日を調べ、試合日の通行は回避することをオススメします」

提供:袋井市

GOAL 近く

東海道どまん中茶屋でひと休み

初代安藤広重が描いた「東海道五十三次袋井出茶屋ノ図」を参考に建てられた休憩所。和やかな空間に癒やされる。9時～16時(月曜定休)

ラートの店「じぇらーとげんき」があり、可睡斎のボタンの花を練り込んだものや、ご当地グルメ「たまごふわふわ」の創作デザートが味わえるので要チェックだ。

残す最後の遠州三山「油山寺」は、可睡斎から東に走行し、ヤマハ発動機のテストコース横を抜けて、なだらかな坂道を上ったところにある。油山寺は目の神様だけでなく足腰の神としても知られる。山門を入ると割竹を敷きつめた竹踏みの歩道「健足の道」がある。他にも三重塔や「るりの滝」など、敷地内は遠州三山の中でも特に神秘的な雰囲気を漂わせている。

後はゴールに向けて南下するのみ。国道1号を渡って旧東海道の趣のある松並木を通過。宿場町としての面影を残す袋井の街を眺めつつ、東海道53次の中で江戸からも京都からも27番目、つまり真ん中の宿場ということで作られた「東海道どまん中茶屋」へ。ここでは無料でお茶と菓子が楽しめるので、ぜひ立ち寄りを。

ここからゴール地点のJR袋井駅はもう目と鼻の先。遠州三山から"サッカーの町"らしい活気を感じるスポットまで、見どころいっぱいのコース。特に磐田は歴史遺産も多いので紹介ルートから外れて走ってみても、楽しいサイクリングになるはずだ。

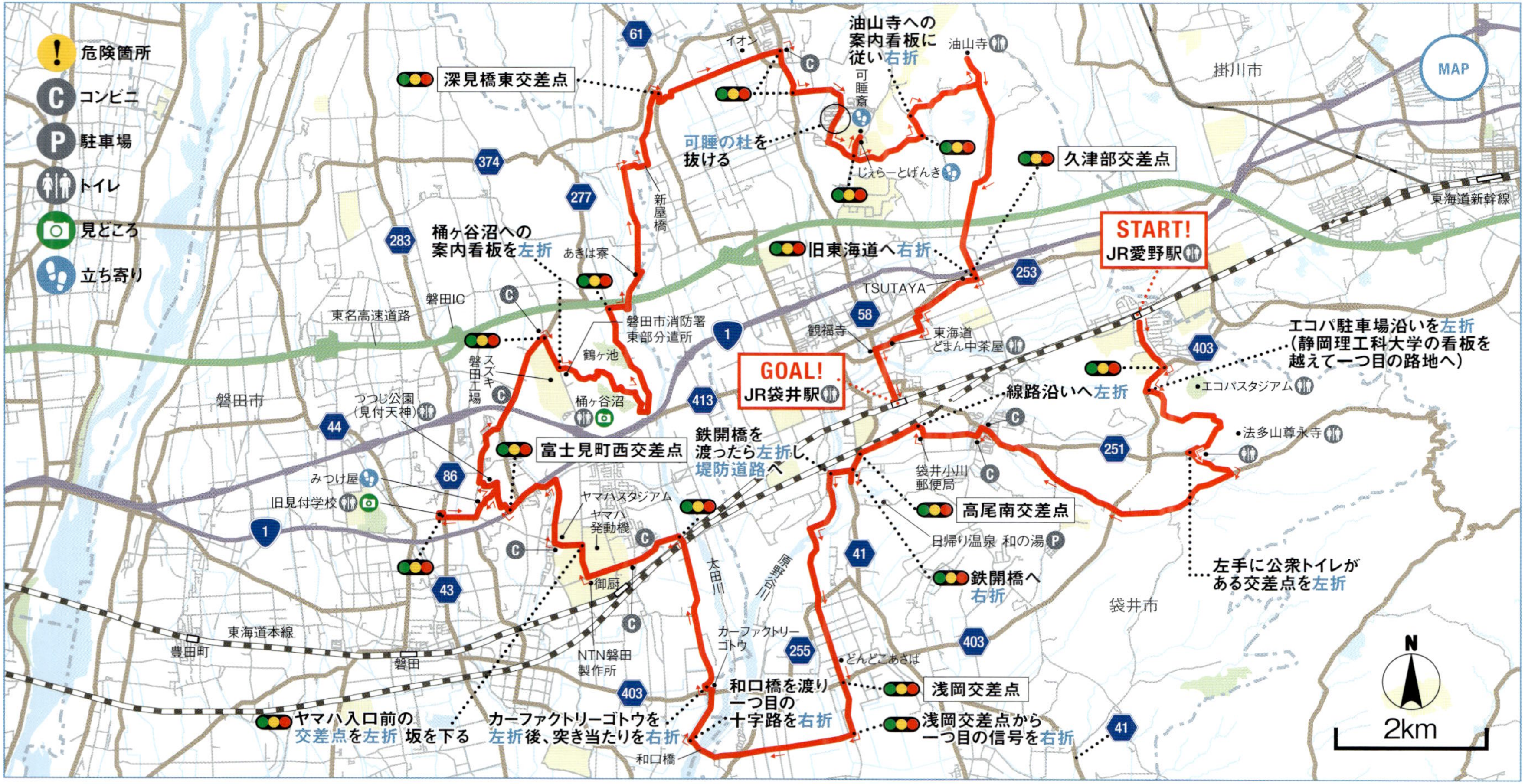
MAP
危険箇所
コンビニ
駐車場
トイレ
見どころ
立ち寄り
深見橋東交差点
イオン
油山寺への
案内看板に
従い右折
油山寺
可睡斎
可睡の杜を
抜ける
じぇらーとげんき
久津部交差点
掛川市
東海道新幹線
START!
JR愛野駅
旧東海道へ右折
TSUTAYA
新屋橋
桶ヶ谷沼への
案内看板を左折
あきは寮
磐田IC
東名高速道路
磐田市消防署
東部分遣所
鶴ヶ池
磐田スズキ工場
桶ヶ谷沼
つつじ公園
(見付天神)
磐田市
観福寺
東海道
どまん中茶屋
GOAL!
JR袋井駅
エコパ駐車場沿いを左折
(静岡理工科大学の看板を
越えて一つ目の路地へ)
エコパスタジアム
線路沿いへ左折
法多山尊永寺
富士見町西交差点
鉄開橋を
渡ったら左折し
堤防道路へ
みつけ屋
旧見付学校
ヤマハスタジアム
ヤマハ
発動機
袋井小川
郵便局
高尾南交差点
日帰り温泉 和の湯
御厨
太田川
原野谷川
鉄開橋へ
右折
左手に公衆トイレが
ある交差点を左折
袋井市
東海道本線
豊田町
磐田
NTN磐田
製作所
カーファクトリー
ゴトウ
どんどこあさば
浅岡交差点
和口橋を渡り
一つ目の
十字路を右折
浅岡交差点から
一つ目の信号を右折
ヤマハ入口前の
交差点を左折 坂を下る
カーファクトリーゴトウを
左折後、突き当たりを右折
和口橋
2km

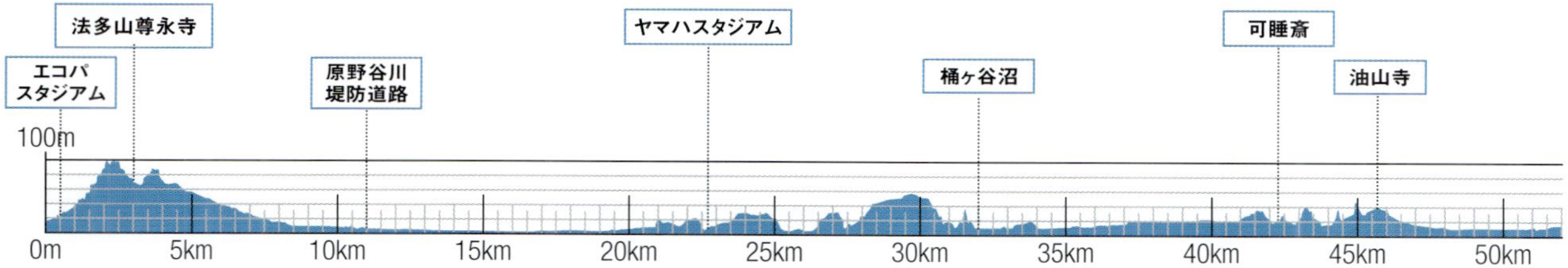
エコパ
スタジアム
法多山尊永寺
原野谷川
堤防道路
ヤマハスタジアム
桶ヶ谷沼
可睡斎
油山寺
100m
0m
5km
10km
15km
20km
25km
30km
35km
40km
45km
50km

[Google MAP]

20 天竜・春野地区

難度	🚲🚲🚲	起伏	
距離	73.0km	時間	約6時間

“暴れ天竜”の川沿いサイクリング そして春野の山で“天狗”めぐり

コース紹介者 新井武志さん

自転車歴20年。学生時代は陸上部で、社会人になってトライアスロンを始めたことをきっかけに自転車に目覚める。現在は週に一度、100km程度疾走するのが何よりの楽しみ。

天竜杉の連なる林道から“天狗の里”春野町へ

県西部の旧国名であり、遠州の北部を意味する“北遠”を舞台としたルート。春野町まで足を延ばしつつ、流域が急峻な地形から“暴れ天竜”として知られる天竜川沿いのやや高低差のある道を中心に走行していく。

スタート地点は森と川に囲まれた秋葉湖のほとりにある「やすらぎの湯」の駐車場。ここは眺めのいい人工温泉で、浴室からは天竜川と天竜美林の眺めが楽しめる。

そこから少し急な桜並木を下ると、眼下に「秋葉ダム」が広がる。このあたりは地元民も散歩で訪れる憩いのスポット。交通量が多いので気をつけよう。そのまま天竜川を南下し、鮎釣りで有名な気田川に沿って東へとペダルを漕いでいく。天竜杉が連なる林道は、空気も澄んで気持ちよく走れるが県道263号は落石もあるので注意して走ろう。

そのまま、民家地帯を抜けると、火防の神として名高い「秋葉神社」に到着。神社がある春野町は、「京の御所が火災になった時、秋葉権現が大天狗となり現れ、たちまち御所の火を消した」という言い伝えから、「天狗の里」と呼ばれている。

続いて、秋葉神社近くにあるモニュメント「秋葉大天狗の高下駄」を

START!
秋葉ダム
秋葉神社
春野森林文化伝承館
気田川
春野いきいき天狗村
いっぷく処 横川

START! AND GOAL!

天竜川も一望！ 展望良好な人工温泉

浜松市龍山保健福祉センター（旧龍山村保健医療福祉総合施設）に併設している「やすらぎの湯」。駐車場もあるのでここに車を止めて、自転車に乗ることもできる。

ダムの湖畔を中心に咲き誇る「千本桜」

毎年春になると秋葉ダム湖畔を中心に天竜川東岸で約10kmにわたって咲き誇る通称「千本桜」は見事のひと言。毎年3月下旬には「秋葉ダム桜まつり」が開催される。

西暦709年創建の火防信仰の霊山

全国に約400社を数える秋葉神社の総本宮。毎年12月15・16日には火まつりが行われ、16日夜の防火祭（ひぶせのまつり）では、弓・剣・火の三舞の神事が繰り広げられる。

日本一の大天狗面は圧巻の一言！

縦8m、横6m、鼻の高さ4mもある大天狗面に圧倒される。併設している白井鐵造記念館には、白井氏の愛用品や宝塚関係資料など約600点を展示。

確認しつつ、天狗街道と呼ばれる国道362号を北上。

気田川を眺めながら林道を抜けて、幅の広い国道をしばらく進むと、道路の左手に「春野森林文化伝承館」が見えてくる。ここにある春野町のシンボル〝日本一の大天狗面〟が見もの。また、敷地内には春野町出身で宝塚歌劇団の名演出家、白井鐵造の記念館もあるので、興味のある人は覗いてみよう。

春野森林文化伝承館を後にし、来た道を今度は南へと戻る。「若身橋」を左折して東へ行けば、観光拠点の「春野いきいき天狗村」もある。余裕があれば足を延ばしてみよう。

船明ダムの見事な景観 秋葉ダムは激坂に注意！

「秋葉橋」まで戻り、ここからは362号を南へ。このあたりは急勾配のアップダウンが続くので踏ん張りどころ。そのまま、しばらく走ると、左側に道の駅「いっぷく処 横川」が見えてくる。地元産のしいたけを使った天丼は肉厚でジューシー。

続けて、民家や茶畑の間をぬっていくが、このあたりはゆるやかな下り坂が続く。二俣川沿いの桜並木を眺めながら進んで市街地に出たら、「山東」の標識をUターンするように国道152号に右折し一路北上。なだらかなアップダウンを越えると、天竜川の

船明ダム → 夢のかけ橋 → 天竜相津花桃の里 → 秋葉街道 → GOAL!

清流・気田川の景観を眺めながら

南アルプスの黒法師岳を源とし、深い山間を蛇行して天竜川に注ぐ気田川。カヌーやキャンプなどアウトドアも楽しめ、鮎釣りのメッカとしても知られている。

船明ダムの桜並木沿いを疾走

船明ダム周辺は桜の名所としても有名で、3月下旬から4月上旬が見頃。ダム湖のボート場では毎年ボートフェスティバルが開かれる。

全長437mもある「夢のかけ橋」

旧佐久間線の橋脚を利用し、伊砂ボートパークから対岸の道の駅「天竜相津花桃の里」をつなぐ「夢のかけ橋」。橋からの眺めにホッとひと息。

大自然の力を利用した天然貯蔵庫

高級ワインの貯蔵環境（15〜17℃、湿度70〜80%）を、エネルギーを使わない自然な状態で保つ浜松ワインセラー。看板は見逃しやすいので注意を。

ワンポイントアドバイス

気田川の自然を満喫すべし！

「気田川沿いの自然を堪能してほしいですね。夏は森林浴に打ってつけです。ただ、春は天竜杉の花粉が多いので要注意。それとゴール目前の秋葉ダムへの激坂には多少の覚悟が必要です（笑）」

天狗のモニュメントをチェック

「コース内には天狗にまつわるモニュメントが点在しています。また、天竜〜春野はサイクリングコースとして確立されているので、サイクリストたちとすれ違うのも楽しみのひとつです」

立ち寄りスポット

春野みやげならおまかせ

『春野いきいき天狗村』

地元の生産者などが特産品を販売し、食堂も併設。ソフトクリームはお茶、バニラ、お茶&バニラの3種類（各350円）。

住所／浜松市天竜区春野町堀之内1454-2
定休日／木曜日（食堂は不定休）
営業時間／10:00〜16:00
食堂11:00〜15:30
問合せ／053-985-0501

肉厚なしいたけは絶品！

『いっぷく処 横川』

かけそば天ぷらセット（1280円）は季節の山菜や野菜などを入れた一品。

住所／浜松市天竜区横川3085
定休日／火曜日
営業時間／食堂11:30〜15:00
売店9:00〜16:30
問合せ／053-924-0129

ふっくらまんじゅうで疲労回復

『天竜相津 花桃の里』

毎朝ふかしたての「小麦まんじゅう」（135円）は、平日でも100個以上売れる人気商品。おみやげにもピッタリ!

住所／浜松市天竜区大川31-10
定休日／火曜日（3・4・8・11月は無休）
営業時間／平日10:00〜15:00　土日祝10:00〜15:30　食堂 平日11:00〜14:00　土日祝11:00〜14:30
問合せ／053-923-2339

ダムの中で、最も下流に位置する「船明ダム」に到着する。9門もある世界最大級のローラーゲートは見応え十分だ。春には〝桜のトンネル〟と呼ばれる200mの桜並木が出現するので景観を楽しんでほしい。

さらに北に進み、船明ダム湖にかかる5連の立派な歩行者・自転車専用の橋「夢のかけ橋」を渡る。その橋のたもとには道の駅「天竜相津花桃の里」があるので、ダム湖の自然を眼前に小休憩を取ることもできる。また、このすぐ側にある「浜松ワインセラー」は、旧国鉄が建設を中断したトンネル内に作られたもので、独特な雰囲気は一見の価値アリだ。

その後、152号を北に進み、横山橋の手前を右折。しばらくすると道幅の狭い林道に入るが、このあたりは交通量も少ない。雰囲気のある山間を軽快に走行し「気田川橋」を渡ると、行きのコースを逆走する形で北上。「雲名橋」を左折して秋葉街道へ入る。秋葉ダムが見えてくるあたりは、道幅は広くなるが、交通量が多いので注意してほしい。

そして最後はこのコース屈指の急勾配の坂を上り切って、秋葉ダムでゴール。スタート地点の「やすらぎの湯」で疲れを洗い流しながら、コースを振り返るのも、サイクリングの醍醐味だ。

MAP
危険箇所
コンビニ
駐車場
トイレ
見どころ
立ち寄り
START! AND GOAL!
やすらぎの湯駐車場
急な上り坂。
秋葉ダム
龍山大橋
拡大図
秋葉街道
交通量が多いので注意!
『山あいの里うんな』
馬鹿まんじゅうがオススメ
帰りは雲名橋を左折し渡る
雲名橋
横山橋
気田川
気田川橋
ヘアピンカーブ。対向車に注意。
横山橋手前を右折。交通量の少ない旧道へ。
拡大図
秋葉街道
天竜川
二差路を右へ行かずに直進
天竜川
浜松ワインセラー
道の駅 天竜相津花桃の里
夢のかけ橋
浜松市天竜区
船明ダム東
船明ダム
遠鉄ストア
交通量が多いので注意!
山東交差点
磐田市
春野森林文化伝承館
竜山協働センターに向かい、右の側道へ下りて行く
行きは秋葉橋を渡り左折。帰りは橋を右手に直進
秋葉神社
若身橋の看板が目印
若身橋交差点
春野いきいき天狗村
大天狗の高下駄
急な上り坂。
峯小屋トンネル通過後下り坂。スピード注意。
道の駅 いっぷく処横川
只来トンネル手前を左折。側道へ。
2km

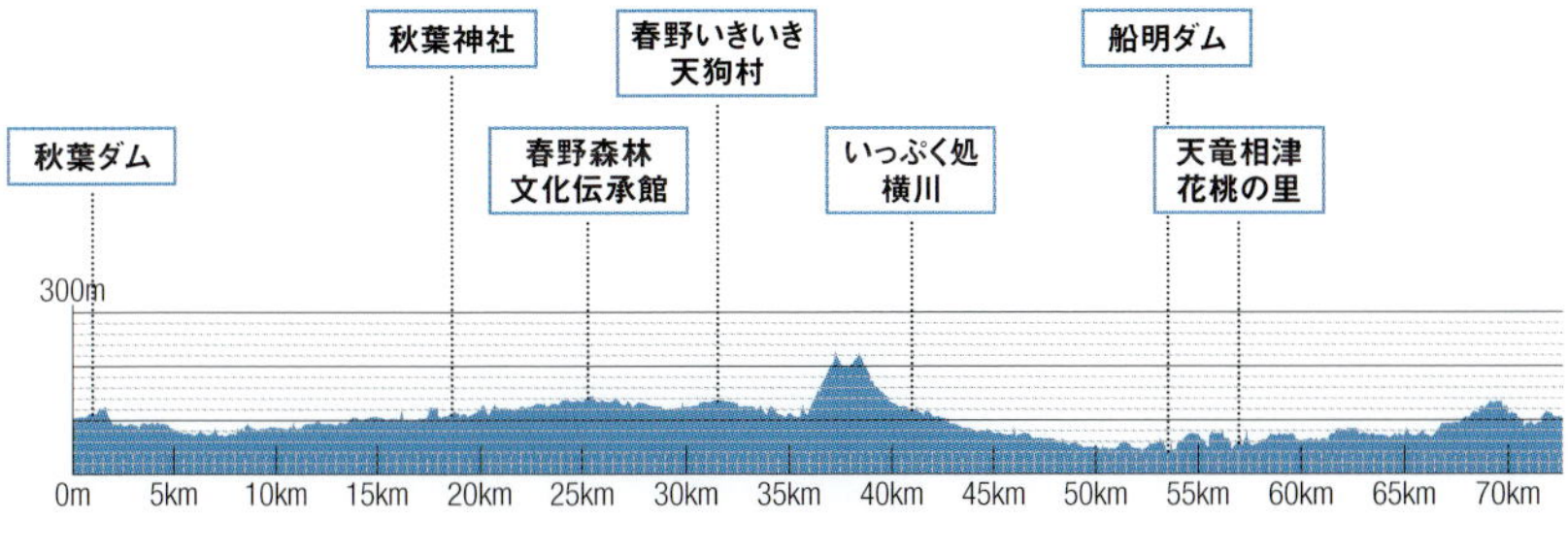
秋葉ダム
秋葉神社
春野森林文化伝承館
春野いきいき天狗村
いっぷく処横川
船明ダム
天竜相津花桃の里
300m
0m
5km
10km
15km
20km
25km
30km
35km
40km
45km
50km
55km
60km
65km
70km

[Google MAP]

21 浜松市

難度	●○○	起伏	■□□
距離	30.6km	時間	約4時間
輪行OK	JR「浜松駅」スタート		

コース紹介者 御園井智三郎さん

市内に3店舗を展開する創業1897年の老舗「ミソノイサイクル」の代表。
HP➡http://www.misonoi.com

"自然と共生する都市"浜松の魅力をのんびりゆったり再発見

街中を抜け佐鳴湖へ 浜松をサイクリング散策

日本を代表する産業と豊かな自然に彩られた、活気あふれる都市・浜松を舞台としたルート。基本的にはゆるやかなタウンライドとなるが、アクセントとして佐鳴湖や馬込川沿いも走行する。

スタート地点のJR浜松駅を出発したら、中心街を歩行者に注意しながら北上し、有楽街を抜けて「浜松城公園」へ。市の中心部にありながら緑に囲まれた公園は、市民の憩いの場として親しまれている。素朴な石積み法ながら頑丈な野面積みの石垣で有名な「浜松城」は、歴代城主の多くが江戸幕府の重役に出世したことから"出世城"とも呼ばれている。

続いて浜松城公園を西へ進み、現在は自歩道となっている「遠州鉄道奥山線跡」へ。入り口の亀山トンネルには奥山線の写真が展示され、廃線後の歩道にも電車にまつわるモニュメントが飾られるなど、どこかノスタルジックな雰囲気が漂う。

浜松北高の先を左折して西に向かう。三差路を左に曲がり、ホワイトストリートに入る。

そこから程近い「蜆塚公園」は、国指定史跡の蜆塚遺跡を中心とした公園で、さまざまな植物が群生。桜の隠れ名所としても知られている。また、

START! → 浜松市中心街 → 浜松城 → 遠州鉄道奥山線跡（亀山トンネル） → 蜆塚公園 → 佐鳴湖 → 大平台

START! AND GOAL!

遠州の中心駅・JR浜松駅

県西部の拠点駅、JR浜松駅。周辺には商業施設が建ち並び、多くの人々が行き交うので走行の際には注意を。1日平均の乗車人員は県内では静岡駅に続いて第2位。

ノスタルジックな亀山トンネル

かつて、遠州鉄道浜松駅から引佐町（現・浜松市）の奥山駅までを結んでいた奥山線は、1964年に全線廃止。今では廃線跡の一部が自歩道として親しまれている。

復元家屋や貝塚が見学可能

蜆塚遺跡は縄文時代後期と晩期に存在した村の跡。蜆塚公園内には当時の姿を想像して建てられた復元家屋があり、発掘調査当時のまま保存された貝塚も見学できる。

緑に囲まれた浜松城公園

徳川家康が17年間住んでいたことでも知られる浜松城。展望台からは浜松市街を一望でき、城内には家康と浜松にまつわる歴史的資料、武具などを展示している。

隣接する「浜松市博物館」では浜松の歴史を紹介している。

先へ進み佐鳴台交差点を右に入り、ゆるやかな坂を下っていくと「佐鳴湖」に突き当たる。そこから湖沿いを北上すると、印象的なログハウス造りの「印度カレー mana」が見えてくる。この店のオーナーは自身もサイクリスト。土日には自転車乗りでにぎわう店なので、お腹が空いた時に立ち寄るのもオススメ。

新興住宅地・大平台
馬込川からアクトタワーを眺める

その後、佐鳴湖沿いを西回りに走行。この周辺は水と緑に恵まれた風光明媚なところなので、のんびりと自然散策気分で走ると心地良い。

佐鳴湖を後にし、モダンな住宅が建ち並ぶ大平台方面に入っていくと、ひと際スタイリッシュな外観が目を引くケーキ店「パティスリー ラ・ヴェリテ」が見えてくる。ここのスイーツは珍しい素材の組み合わせがウリで、店内にはカフェスペースもあるので小休憩にもぴったり。

そこから「西岸中央公園」、浜松大平台高校の前を通り、道沿いに坂を下って「梅川橋」を渡ると、車通りの少ない道に入り北上。のどかな田園風景を眺めながら進み、県道３２５号を左折すると、このコース唯一のアップダウンが続く。

雄踏街道 → 東海道本線地下道（高塚付近） → 可美公園 → 馬込川 → GOAL!

緑が美しい佐鳴湖沿いを走行

佐鳴湖公園は西岸の高台にはサンクンガーデンやお花見広場、低地にはひょうたん池や根川湿地帯、東岸には野鳥観察舎など見所が多い。

タウンならではの地下道を徐行

タウンライドを感じさせるポイントのひとつが、JR高塚駅付近の東海道本線下を通る地下道。こちらは歩行者も通るので、徐行を心掛けよう。

馬込川を眺めながら

浜名用水を水源とする馬込川は、浜松市の中心部を流れ、芳川と合流して太平洋へと注ぐ。堤防には桜並木や緑地があり、野鳥観察もできる。

道幅の広い大平台の自歩道

車道よりも道幅が広く、見通しがいい大平台の自歩道。浜松でも人気の新興住宅街というだけあって、整備された道を快適に走行できる。

ワンポイントアドバイス

浜松のさまざまな表情を楽しむ

「コース自体は30km程度とコンパクトですが、その中で街中や川や山と、さまざまな景色が次々と現れるコースです。また、佐鳴湖ではバードウォッチングが楽しめるのもポイントです」

街中の走行は車に注意を

「コースは全体的に路側帯が広くない箇所が多いので、走行の際には気を付けてください。特に雄踏街道は交通量も多いので、くれぐれもスピードの出し過ぎにはご注意を」

立ち寄りスポット

『カフェ&ベーカリー『とらとふうせん』』

「フレンチトースト ざくざくクランブルといちごみるく」(990円)は、自家製のブリオッシュを一晩アパレイユに漬けて焼き上げたフレンチトーストに、シャンティ、国産いちご、ざくざくのクランブルをトッピング。

住所／浜松市中区神田町553
定休日／月・火曜日
営業時間／9:30〜18:00
問合せ／053-441-3340

サイクリストが集う印度カレー店
『mana』

オリジナルブレンドのスパイスで作る本格印度カレーが人気。日替りのランチセットはスープ、サラダ、デザート付き（平日1050円〜、土日1380円〜）。

住所／浜松市中区富塚町5024
定休日／木曜日　営業時間／11:00〜14:00　17:30〜20:30
問合せ／053-458-1773

外観も味もスタイリッシュ
『パティスリー ラ・ヴェリテ(La Verite)』

ケーキの種類は約20〜30種類以上。写真はピスタチオのケーキ「シシリー」（左480円）と、梅を使った「フランボアゼ」（右430円）。

住所／浜松市西区大平台3-11-14
定休日／火・第1・第3月曜日（不定休有）
営業時間／10:00〜19:00
問合せ／053-485-3022

その後、西へ進んで「大久保南」の交差点一つ前を左折して南下。工業団地を横目に住宅街を抜けると、県道62号より一つ手前の「志都呂町」の交差点を左折し、雄踏街道（旧道）を東に進む。この通りも交通量が多く道もせまいので、安全走行を心掛けよう。

「帰帆橋南」の交差点を右折したら、堀留川を横断して一路南下。JR高塚駅付近で高架脇の側道に入り、東海道本線の下をくぐって横断する地下道を通過。そして国道257号を渡って一つ目の角を左折し、東に向けて住宅街を走る。

サッカー場や水泳場などを有する「可美公園」を通り過ぎ、工場や倉庫などが点在する裏通りを進む。このあたりはやや道幅が狭く、トラックの走行もあるので注意しよう。

そのまま東へ進み、馬込川沿いを北上。目の前に浜松アクトタワーを望みつつ、草木の生い茂る自歩道を気持ち良くペダルを漕いでいく。そして、馬込川から支流の新川へと北に進んで、ゴールのJR浜松駅を目指す。

交通量の多いところもあるが、全体的にアップダウンも少なく、距離も短い。また、起点もアクセスしやすい場所なので、初級者の入門ルートとして特にオススメしたい。

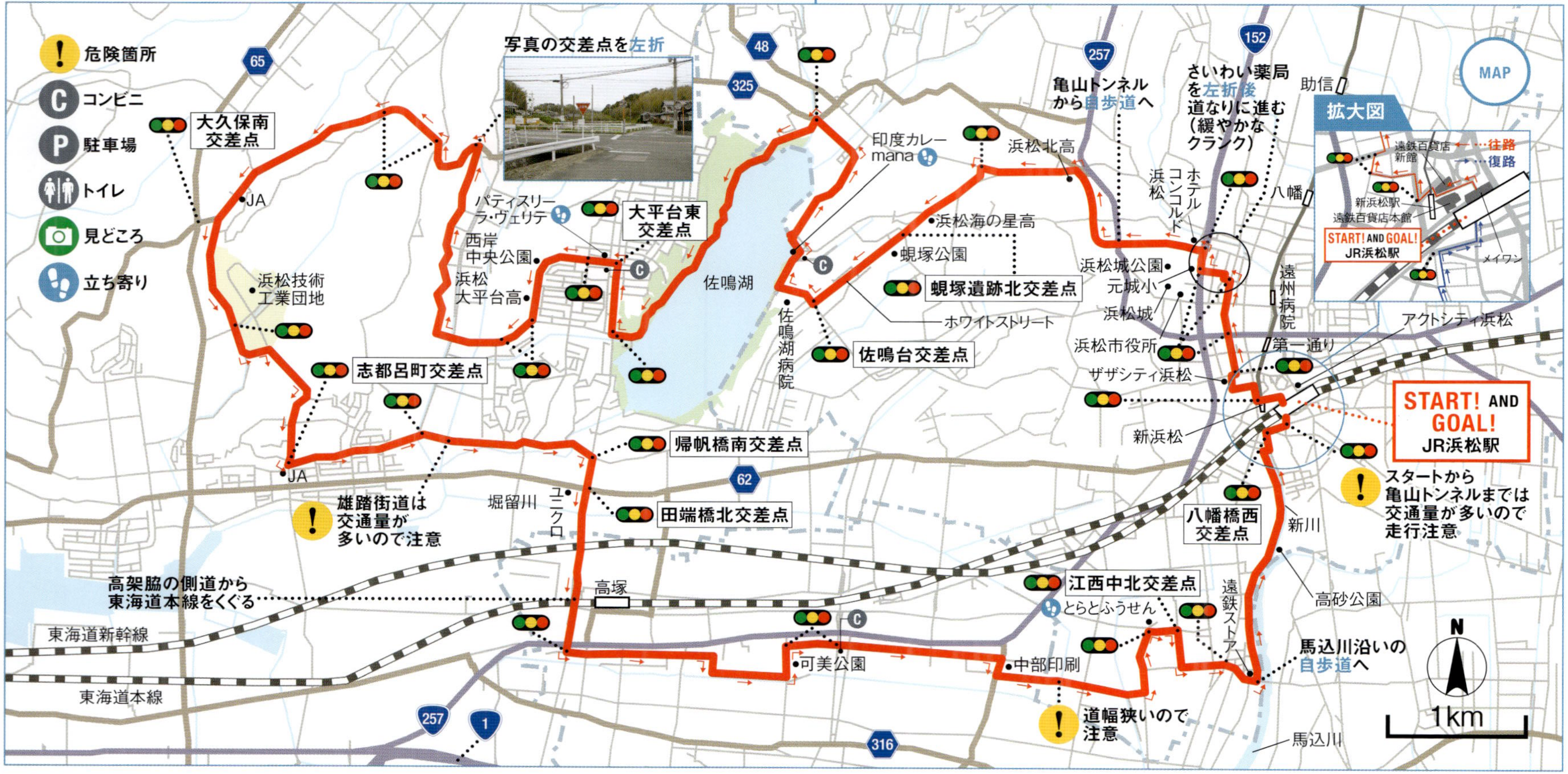
MAP
危険箇所
コンビニ
駐車場
トイレ
見どころ
立ち寄り
大久保南交差点
写真の交差点を左折
大平台東交差点
パティスリー ラ・ヴェリテ
西岸中央公園
浜松大平台高
浜松技術工業団地
JA
志都呂町交差点
雄踏街道は交通量が多いので注意
堀留川
ユニクロ
帰帆橋南交差点
田端橋北交差点
高架脇の側道から東海道本線をくぐる
高塚
東海道新幹線
東海道本線
佐鳴湖
佐鳴湖病院
佐鳴台交差点
ホワイトストリート
印度カレー mana
浜松海の星高
蜆塚公園
蜆塚遺跡北交差点
浜松北高
亀山トンネルから自歩道へ
さいわい薬局を左折後道なりに進む（緩やかなクランク）
浜松城公園
元城小
浜松城
浜松市役所
ザザシティ浜松
ホテルコンコルド浜松
新浜松
第一通り
遠州病院
八幡
助信
アクトシティ浜松
START! AND GOAL! JR浜松駅
スタートから亀山トンネルまでは交通量が多いので走行注意
八幡橋西交差点
新川
高砂公園
江西中北交差点
とらとふうせん
遠鉄ストア
馬込川沿いの自歩道へ
可美公園
中部印刷
道幅狭いので注意
馬込川
1km
N
拡大図
遠鉄百貨店新館
往路
復路
新浜松駅
遠鉄百貨店本館
メイワン
START! AND GOAL! JR浜松駅
65
48
325
257
152
62
257
1
316

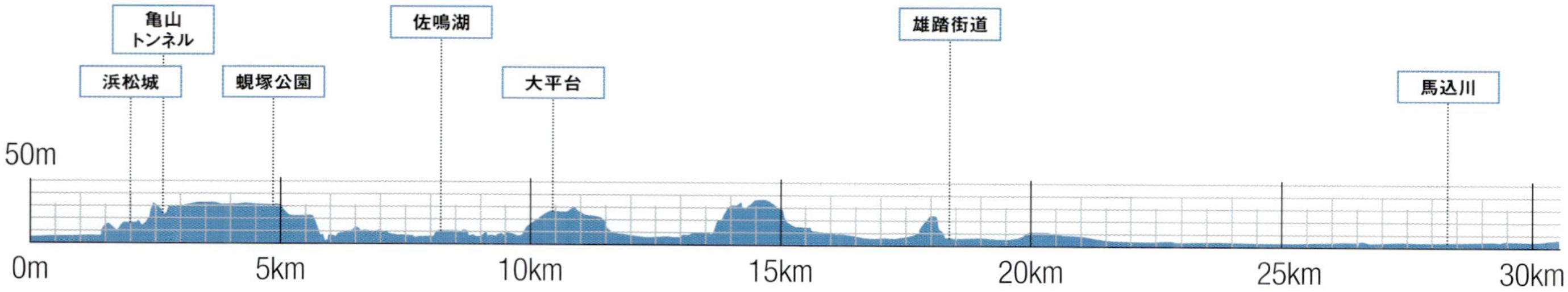
浜松城
亀山トンネル
蜆塚公園
佐鳴湖
大平台
雄踏街道
馬込川
50m
0m
5km
10km
15km
20km
25km
30km

[Google MAP]

22 浜名湖周遊

難度		起伏	
距離	77.6km	時間	約6時間
輪行OK	輪行の場合は、JR「弁天島駅」スタート		

水辺が織りなす癒やしの風景を求めて
浜名湖一周・気分爽快ツーリング

湖岸の心地よい風を受け
浜名湖の東岸を行く

浜松市、湖西市にまたがり、サイクリングには絶好のフィールドである浜名湖を周遊するルート。刻一刻と水辺の表情が変わる浜名湖を満喫しながら、ゆっくりとペダルを踏んでみよう。

四季折々の花が美しい「浜名湖ガーデンパーク」の駐車場をスタート。キラキラと輝く湖面を左手に眺めつつ、湖畔沿いを西へ進む。途中、砂利に気をつけながら走行し、浜名湖周遊自転車道に入ったら一路北上。この道沿いは一部で波が高く、自転車道にまで水しぶきが跳ね上がることもあるので注意しよう。

そして左に湖と遠くにそびえる山々を望みながら、気分爽快にペダルを踏む。しばらく進んで湖岸を抜けると、舘山寺の街並みが見えてくる。このあたりは、舘山寺温泉をはじ

START! AND GOAL!

出発地点は浜名湖ガーデンパーク

浜名湖花博の会場跡地に2005年にオープンした県営都市公園。広大な園内に咲く四季折々の草花や多彩なグリーンに癒やされる（17時に駐車場は閉まる）。

浜名湖周遊自転車道へ

しばらく進むと写真の看板が現れる。看板を通過したら、浜名湖の景色を眺めつつフラットな道を楽しもう。走行中は車止めに注意を。

行楽スポットが集まる舘山寺エリア

四季折々でさまざまなイベントが開催されている舘山寺エリア。源泉公園にある足湯「水神の松」は無料で利用できるので、浜名湖を眺めながらちょっとひと休み。

朱色が鮮やかなみをつくし橋

都田川を北上すると次第に大きく見えてくるのが、みをつくし橋。春になると橋の向こうの気賀エリアには美しい桜が見える。

め、「浜名湖パルパル」や「かんざんじロープウェイ」など、多くの行楽スポットが集まる観光地。湖畔には無料の絶景足湯「水神の松」もあるので、小休止にはちょうどいいエリアだ。

その後、奥浜名湖に向かって北へ。湖岸沿いから少し外れた竹林を通り抜けると、これまでとはまた違う奥浜名湖の風景が広がる。ここは「伊目の野鳥海岸」と呼ばれており、水面で野鳥の群れがくつろぐ光景には思わず心が癒やされる。

その先に見えてくるのは、鮮やかな朱色が目印の「みをつくし橋」。この橋は浜名湖周遊自転車道のシンボルとして1989年に架けられた橋で、両側に都田川を望む景色はまさに絶景。また、橋を渡った気賀エリアは桜の名所として知られ、春先にはお花見気分で走ることができる。

箱根、新居（今切）とともに東海道三大関所と称される「気賀関所」を通過し、西に向かって走行。途中のプリンス岬では、風のない穏やかな奥浜名湖を眺めることができる。しばし足を止めてその静けさを堪能しよう。

そして、東名高速と併走していくと「浜名湖サービスエリア」に到着。浜松餃子などB級グルメが味わえるここは一般道からアクセスできる「ぷらっとパーク」なので、自転車で入ることが可能。水分やエネルギー

湖岸に降りた自転車道

浜名湖SAを通過し都筑海岸に入ると、湖岸とほぼ同じ高さの道が続く。なお、湖岸の専用道路へはマリンショップ「トリトン」の手前から下りられる。

瀬戸港で遊覧船を眺めて

日本で一番長い周囲長を持つ汽水湖として知られる浜名湖。遊覧船は自転車で乗り入れOKなので優雅に浮遊する船上から、湖周辺の美しい景観を船上から楽しんでもいい。

補給に便利なスポットだ。

浜名湖サービスエリアを過ぎたら、再び湖岸沿いを進む。このあたりは湖岸に降りた自転車道が続き、波打ち際ギリギリを走る爽快感が味わえる。さらに進むと、左手側には浜名湖唯一の島である礫《つぶて》島が見えてくる。ここはコース上で特に気持ちの良いエリアの一つなので、のんびりと景色を楽しみながら走行しよう。

その後、瀬戸港を通過し、天浜線・三ヶ日駅を対岸に望む猪鼻湖東岸へ差し掛かると、今度はリゾートタウンに突入。自転車道の路面表示に誘われながら、テニスコートや別荘がある景色を横目に移動しよう。

そこから天浜線と並走する形で湖岸沿いに進むと、レトロな外観の三ヶ日駅に到着。駅構内にある「グラニーズバーガー」はサイクリストやサーファーが訪れる店で、自家製パティを使った本格バーガーを味わえることで評判だ。

オレンジロードの起伏を越え西岸エリアを散走

三ヶ日駅を後にしたら、国道301号を交通量に注意しながら南下。天浜線・尾奈駅付近で線路を横断して西に向かい、奥浜名オレンジロードに入る。ここからはアップダウンとカーブが続くが、特に山あいの下り坂はスピードに注意しながら走行しよう。

その後、301号にぶつかったら東へ。浜名湖西端の松見ヶ浦に位置し、大型クルーザーや小型艇などが停泊する「ヤマハマリーナ」沿いは車通りも少ないので、気持ち良く走れるはずだ。

GOAL! ・・・ 浜名湖大橋 ・・・ 渚園 ・・・ 新居町 ・・・ ヤマハマリーナ ・・・

昭和11年に建設された三ヶ日駅

木のぬくもりにあふれたレトロな三ヶ日駅は、2011年1月26日、国の登録有形文化財として登録された。まさに昭和が香る鉄道遺産だ。

起伏に富んだ奥浜名オレンジロード

路面が走りやすく交通量は少ないものの、アップダウンやカーブが多い。名称の由来は三ヶ日町特産の温州ミカンにちなんだもの。

ヤマハマリーナ付近を走行

浜名湖を望むレストランやウエディングチャペル、テニスコートやプールなどを備えた複合型のマリンリゾート。ウェイクボードやカジキ釣りも楽しめる。

浜名湖大橋を渡って

浜名湖大橋まで来ればゴールの「浜名湖ガーデンパーク」は目と鼻の先。横風に煽られるポイントでもあるが、最後の力を振り絞ってペダルを踏もう。

ワンポイントアドバイス

舘山寺では歩行者に注意

「遊園地や観光施設がある舘山寺温泉周辺は歩行者が多いので注意してください。また、国道301号など、交通量の多い道路の路肩を走行する箇所は、車に十分注意を」

遠州のからっ風に注意

「湖岸の道や浜名湖大橋など周りに障害物のない場所では、走行中の横風に倒されないように注意を。遠州のからっ風が吹く、冬～春先にかけては特に気をつけてください」

立ち寄りスポット

オススメは浜松発B級スイーツ
『浜名湖SA スナックコーナー』

浜松発B級グルメのアイスコルネット（400円）は揚げたてパンにソフトクリームがのったスイーツ。溶けないうちに召し上がれ!

住所／浜松市北区三ヶ日町佐久米47-1 東名高速道路 EXPASA浜名湖上り
定休日／無休　営業時間／平日11:00～19:00　土日祝10:00～19:00
問合せ／053-526-7611

三ヶ日駅の脇に隠れた美味発見
『グラニーズバーガー&カフェ』

三ヶ日牛バーガーが有名だが、写真のようにボリューム満点なグラニーズバーガーも人気。

住所／浜松市北区三ヶ日町三ヶ日1148-3
定休日／月～金曜日（※祝日の場合は営業）
営業時間／10:30～15:00
問合せ／053-525-2202

素朴な味が後を引く名物煎餅
『あと引製菓』

あとひき煎餅はごま、のり、しょうが、ピーナッツ味の4種類が入った素朴な新居銘菓。100円から千円台まで取り揃える。

住所／湖西市新居町新居1264-3
定休日／火・第2水曜日
営業時間／8:30～17:30
問合せ／053-594-0127

そして、佃煮屋などが軒を連ねる通りを通過し、周囲に田園風景が広がる中、軽快にペダルを漕いでいく。

続いて五田橋交差点を左折し、301号を避けて走行。JR鷲津駅方面に向かって住宅街を抜けていく。そして、東海道本線と東海道新幹線の線路を横断すると、後を引くおいしさで知られる名店「あと引製菓」が見えてくる。

「一つ食べると次から次へと食べたくなる」という客の声が名前の由来になっているこの煎餅、少量からの量り売りもしてくれるのでサイクリングのお供にもオススメ。

そこから線路に並走する形で、国道1号を東へ。JR新居町駅を通過し、浜名湖とその向こうに広がる遠州灘を感じながら、「西浜名橋」を横断。そして、JR弁天島駅の手前、「浜松市」の標識を目印に左折すると、東海道本線のガード下を抜けて北上。

浜名湖にポッカリ浮かんだような「渚園」を横に見ながら、壮大な「浜名湖大橋」を横断。冬期は〝遠州のからっ風〟に煽られないよう、走行にはくれぐれも注意しよう。

そして、ゴール地点となる浜名湖ガーデンパークに到着。約80kmというロングライドになるが、ここはいつもよりもスピードを落として、浜名湖の魅力を味わい尽くす旅を楽しんでほしい。

MAP
危険箇所
コンビニ
駐車場
トイレ
見どころ
立ち寄り
拡大図
気賀関所
北区役所
細江署
気賀ターミナル方面へ左折（看板有り）
みをつくし橋
浜松市北区
新東名高速道路
東名高速道路
左折し県道310号へ
国道路肩を走行。注意
三ヶ日グラニーズバーガー＆カフェ
天竜浜名湖鉄道
奥浜名湖
奥浜名オレンジロードこれよりアップダウン
三ヶ日中
猪鼻湖
都筑
東都筑
浜名湖佐久米
寸座
西気賀
交通教育センターレインボー浜名湖
細江警察署
気賀関所
気賀
みをつくし橋
伊目の野鳥海岸
カーブミラーを左折
守座交差点
左折
伊目小
尾奈
下り坂、スピードに注意
多米峠入口交差点
ぷらっとパーク浜名湖SAの看板を左折
浜名湖SA
浜松ホトニクス
道なりに自歩道へ
舘山寺
マリンショップ「トリトン」手前の角から湖岸の専用道へ
瀬戸港
礫島
浜松市動物園
動物園入口交差点
浜名湖パルパル
内浦交差点
ヤマハマリーナ
松見ヶ浦広場
今川を渡り一つ目を左折し、踏み切りを渡る
知波田
写真の路地へ左折
浜名湖周遊自転車道
五田橋交差点
拡大図
舘山寺
ニューいずみ館
かんさんじロープウェイ
浜名湖パルパル
内浦交差点
大森
Shell石油
湖西高校
写真の十字路を左折
東海道本線
鷲津
東海道新幹線
砂利道走行注意
START! AND GOAL!
浜名湖ガーデンパーク駐車場
渚園
浜名湖大橋横風注意
湖西市
ボートレース浜名湖
あと引き製菓
新居町
弁天島
舞阪
拡大図
湖西市シルバー人材センター
大国屋酒店
橋を渡り左折自歩道へ
鷲津
浜名バイパス
左折しガード下を通る（浜松市の標識が目印）
輪行の場合はJR弁天島駅からルートに入る
N
2km
301
362
310
326
333
334
330
3
173
1
48
49
319
323
65
325
62

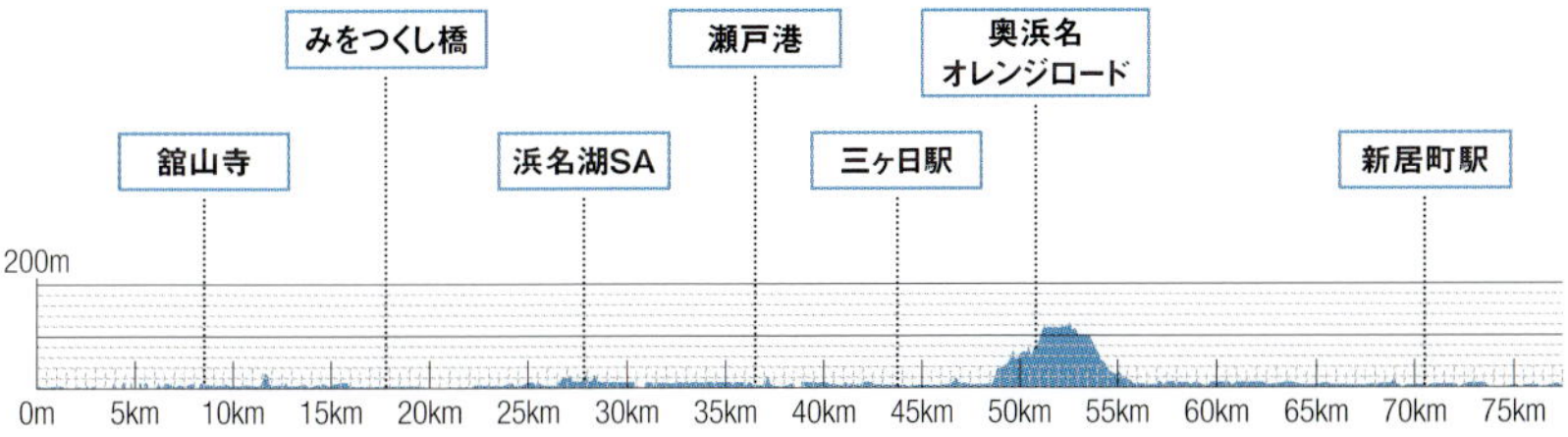
みをつくし橋
瀬戸港
奥浜名オレンジロード
舘山寺
浜名湖SA
三ヶ日駅
新居町駅
200m
0m
5km
10km
15km
20km
25km
30km
35km
40km
45km
50km
55km
60km
65km
70km
75km

［Google MAP］

23 湖西市～浜松市西区

難度	🚲 (1/3)	起伏	
距離	38.3km	時間	約3時間30分
輪行OK	JR「新居町駅」スタート		

浜名湖と遠州灘の潮風を体感 さらに東海道宿場町の歴史を探訪

コース紹介者 村松正規さん
建築士として働く傍ら、全国で人気の手作りジャム工房「ひなた曜日」のオーナーを務める。Instagram @hinata_youbi

東海道の歴史を訪ねて 浜名湖西部の宿場町へ

湖西市から浜松市西部エリアを巡るルート。遠州灘の潮風を受けながら走る場所や、旧東海道の情緒漂う街並みを眺めながらのんびり散走するポイントなど、バラエティーに富んでいる。

スタート地点のＪＲ東海道本線・新居町駅から、まずは街中を抜けて南に進み、浜名湖が太平洋と接する今切口のすぐ西側に位置する「海釣り公園」を目指す。公園内はヤシの木や遠くに見える浜名バイパスの光景が相まって、どこか異国情緒を感じながら走ることができる。

続いて「新居文化公園」を左折し、旧東海道に入り西へ。昔ながらの家並みが続く、交通量の少ない通りをしばらく走ると、「白須賀宿」の案内板が見えてくる。そこを右折すると、急勾配の上り坂「潮見坂」がお出迎え。ビギナーにはなかなか難易度の高い坂だが、上り切った後の充実感を考えるとトライする価値は十分だ。

そして、坂を登り切って少し北へ走ると、白須賀宿歴史拠点施設「おんやど白須賀」に到着。ここでは東海道五十三次、32番目の宿場町として栄えた白須賀宿の歴史や文化に触れられる。

ここから少し先の潮見坂公園跡に

START!

JR新居町駅からスタート

東海道の宿場として栄えた町がスタート地点。ちなみに地名は「あらいちょう」と発音するが、駅名は「あらいまち」と読む。

海釣り公園から浜名湖を眺めて

浜名湖はさまざまな種類の魚が釣れる絶好の漁場。公園の西側には海にちなんだ体験学習ができる「浜名湖今切パーク海湖館」もある。

急勾配の潮見坂にトライ！

なんとか根性で上り切りたい潮見坂。坂の頂上地点から後ろを見渡せば、眼下には雄大な遠州灘が広がる。その絶景は、かの歌川広重が絵に残すほど。

白須賀宿の歴史や文化を学べる

東海道宿駅開設400年を記念して建てられた「おんやど白須賀」（入館無料）。潮見坂を行き交う庶民の旅模様を、和紙人形で表現したジオラマなどを展示。

は、明治天皇御聖蹟の碑が建てられており、このあたりからの遠州灘の見晴らしは見事の一言。展望台も設置されているのでお見逃しなく。

　さらに北へ進み、格子戸のある古い民家群など江戸時代の雰囲気が残る町並みを抜け、坂道を下っていく。そのまま、車通りのある国道42号を注意して横断すると西へ走行。潮見バイパスと並行する側道に入り、道の駅「潮見坂」へ。もし、小腹が空いている場合は、舞阪港で水揚げされたシラスを使った「浜名湖焼き」がオススメ。この道の駅には足湯もあるので、遠州灘の絶景を眼下に楽しみながらリラックスできる。

ノスタルジックな舞阪漁港の小型漁船

　その後、JR新居町駅へUターンする形で、国道1号を東へ向けて走行。そして「新居宿」に入ると、大正から戦後まで開業していた芸者置屋を改修した「小松楼まちづくり交流館」へ。当時の面影を色濃く残すこの建物の館内では、無料でお茶と茶菓子を提供してくれるので、くつろぎながら新居の歴史を垣間見ることができる。

　そして、「新居支所前交差点」を左折すると、箱根と並び東海道の二大関所として知られる「新居関所跡」が見えてくる。ここは現存する唯一

GOAL! 篠原 旧東海道松並木 舞阪港（旧舞坂宿） 弁天島

立ち寄りスポット

遠州灘を眺めながらひと休み

『道の駅 潮見坂』

ここでオススメなのが、生地の中にキャベツと遠州灘産シラス、ネギが入った浜名湖焼き（400円）。味は醤油ベース。

住所／湖西市白須賀1896-2
定休日／無休
営業時間／8:00～19:00
問合せ／053-573-1155

創業大正元年の老舗活魚料理店

『魚あら』

浜名湖を眺めながら旬の味覚を楽しめる活魚料理の店。秘伝のタレが味を引き立てる天丼（1320円）がオススメ。

住所／浜松市西区舞阪町舞阪2119-12
定休日／月曜日（祝日の場合は営業）
営業時間／11:00～14:00
16:30～20:00
問合せ／053-592-0041

新居銘菓うず巻を堪能

『卯月園』

看板商品のうず巻（165円）はもっちりとした食感と黒糖の香りが楽しめる新居名物。舌触りの良さとしつこくない甘さが好評。

住所／湖西市新居町新居1293
定休日／水曜日
営業／9:00～13:00
問合せ／053-594-0267

小松楼で大正時代にタイムスリップ

平成20年に国の登録有形文化財となった小松楼。2階には芸者が使った三味線太鼓や化粧道具が残っており、大正時代にタイムスリップできる。

小型漁船が数多く停泊する舞阪港

舞阪港近くの記念橋付近には、アサリ漁や浜名湖海苔の収穫などに使われる漁船がたくさん。県内でも舞阪港は漁船数が多いと言われている。

昔の面影を残す旧東海道松並木

松の枝が張り出して、車道がトンネル状になっている旧東海道松並木。ちょうどいい木陰ができるので、夏でも涼しく走ることができる。

GOAL!

JR高塚駅でフィニッシュ！

JR高塚駅は浜松市南区にある唯一の駅。なお、駅長は配置されていない駅員配置駅であり、浜松駅が管理している。

ワンポイントアドバイス

潮見坂を下る際はスピード注意

「『おんやど白須賀』から道を下る逆回りのルートは間違えやすく、非常に急勾配のため、スピードの出しすぎや転倒にはくれぐれも注意してください」

新居町は史跡巡りもオススメ

「JR新居町駅から弁天橋を通っていくあたりは、浜名湖が見渡せて気持ちよく走行できます。また、新居周辺には史跡も多く残っているので、散策すると新たな発見があるかもしれません」

の関所建物として国の特別史跡に指定されていて、館内では関所の歴史や役割などを紹介している。

なお、関所の手間には新居銘菓「うず巻」で有名な卯月園がある。香り高い黒砂糖を使い、一つひとつ手焼きした菓子は、もっちりとした食感とやさしい甘みでライド中の補給食におすすめだ。

そこから新居町駅を通過、弁天橋を渡って東へ。このあたりで評判なのが、港町・舞阪を代表する「魚あら」。遠州灘の魚介類、そして浜名湖の幸が集まる舞阪港で仕入れた新鮮な魚料理を堪能できる。

小型漁船が並ぶ舞阪港でノスタルジックな港町の雰囲気を感じながら、さらに東へ進んで県道316号へ。そして、しばらく走ると旧東海道の松並木が見えてくる。約700mにわたって大小390本の松並木が現在でも続いているが、そもそもは1604年（慶長9年）、江戸幕府が街道の両側に松や杉を植えさせたのがきっかけ。昔から変わらないその雰囲気は今も住時をしのばせる。

その後、住宅街を抜けたら国道1号を横断して、交通量の少ない側道へ。田園風景を眺めながら走行し、「浜松市総合水泳場」を左折して北上する。

途中、潮見坂の激坂こそあるものの、それ以外は余裕を持って風景を満喫できる楽しいコースだ。

MAP
危険箇所
コンビニ
駐車場
トイレ
見どころ
立ち寄り
急勾配の上り坂。
下る際は逆に
スピードに注意
START!
JR新居町駅
新居町駅前交差点
新町交差点 右折
GOAL!
JR高塚駅
笠子神社をUターンするように左折し、県道173号へ
潮見坂看板を右折し上り坂へ
国道42号へ右折
道の駅 潮見坂
新居支所前交差点
左折（舞阪中学バス停が目印）
坪井町北交差点 右折
新橋町交差点
篠原東交差点
白須賀交差点を右折し、国道42号へ
信号左折し潮見バイパスと並行する側道へ
信号左折
三栄運輸が目印
拡大図
新居小学校
新居支所前交差点を右折
橋本交差点を左折
拡大図
泉町交差点
卯月園
新居関所資料館
新居関所跡
紀伊国屋資料館
小松楼まちづくり交流館
浜名湖
湖西市
浜松市西区
東海道新幹線
東海道本線
鷲津
新所原
アスモ前
大森
天竜浜名湖鉄道
神笠社子
白須賀中
おんやど白須賀
潮見坂
浜名湖カントリークラブ
市役所支所
新居小学校
新居文化公園
住吉公民館
みなと運動公園
海釣り公園
弁天島
渚園
舞阪
魚あら
杏林堂
浜松ビーチサイドゴルフ倶楽部
浜松市総合水泳場
1.5km
N

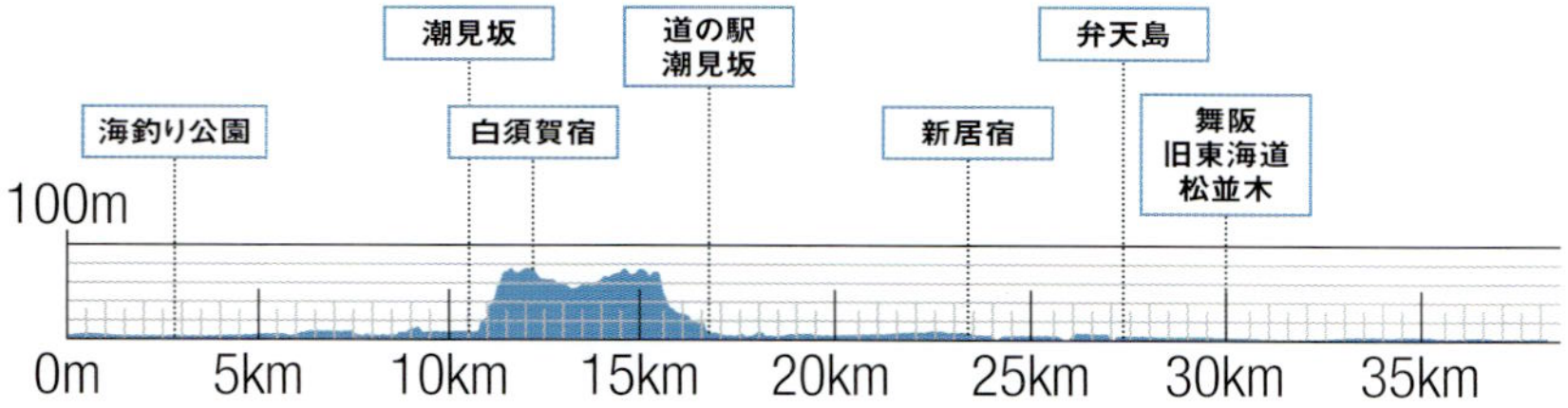
海釣り公園
潮見坂
白須賀宿
道の駅 潮見坂
新居宿
弁天島
舞阪 旧東海道 松並木
100m
0m
5km
10km
15km
20km
25km
30km
35km

[Google MAP]

Shizuoka Bicycle Forum

静岡自転車フォーラム

夢は大きくツール・ド・静岡！

ここでは本書でガイド役を務めた各地域のサイクリストの代表の方々
蜂須賀守政さん、山﨑清一さん、御園井智三郎さんをお招きして、
サイクリングの魅力から県内の自転車事情まで語り合っていただきました。

定着してきた様々なサイクルイベント

――今回は静岡県の自転車事情を中心に、みなさんにざっくばらんにお話いただきたいと思います。まず、静岡県の自転車イベント全体について言うと、ここ10年で参加者数が増加傾向にあります。「浜名湖サイクルツーリング」は2000人、「狩野川100㎞サイクリング」は1000人規模のイベントに成長。「ゆるゆる遠州ロ

ングライド＆ガイドライド」（遠州5市1町をめぐるイベント）も今年で3年目を迎え、700人の参加者が集まるようになってきました。

山崎　県全体で様々な自転車イベントが、すっかり定着してきましたね。

御園井　そうですね、そういったところからも静岡の自転車事情が盛り上がっているのがうかがい知れるというか。

――ちなみに山崎さんが主幹をつとめる「ゆるゆる遠州」では、ロングライドの翌日にガイドライド（ロコサイクリストによるガイド付きサイクリング）も行われていますが、ガイドライドの魅力はどんなところにあると思いますか？

山崎　やはり一番は地元との触れ合いだと思います。その土地の人じゃないとわからない道を案内してもらうのって、探検気分で本当に面白いですからね。あとは単純に長い距離を楽しむものから、スイーツやフルーツを食べに行くようなコースまで、色々な切り口で地元と触れあえるコース作りを心掛けています。そうすれば地元の方の自転車への認知度も上

がりますし、地域全体としての“サイクリストへのおもてなし”という意識に繋がっていくと思うんですよね。

――自転車がツールとして、地元の盛り上げに一役買っているわけですね。地元をいかに楽しく走るか、と。

山崎　はい。ただ走るというだけではないサイクリングの楽しみ方が、これからもどんどん広がっていってほしいですね。

――では、自転車旅についてもお聞きしたいのですが、蜂須賀さんはよく遠方まで出掛けられているとか？

蜂須賀　はい、年に1～2回ほどランドナーでゆっくりと旅に繰り出しています。最近は富士宮から紀伊半島を一周して、大阪まで約750km走ってきました。その次の週は糸魚川まで約280kmを走りまして。ここ数年で軽やかに走れるようになってきたので、61歳にして自分も変わったなと正直思いますね（笑）。

――そういう変化は嬉しくなりますよね。ショップを経営されているお二人にもお聞きしたいのですが、お客さんが自転車で出掛けたいスポットやル

ートとなると、どういうところが多いでしょうか？
山﨑　やはり、瀬戸内の「しまなみ海道」なんかは情報発信も多いですし、一度は走ってみたいという声を聞きますね。
御園井　しまなみはサイクルコースのブランドになりましたよね。でも最近は国内だけじゃなく、むしろ海外で走りたいという人も増えています。
山﨑　たしかにハワイは多いですね。
御園井　オアフ島で開催される「ホノルルセンチュリーライド」なんて、特に人気があるみたいですね。
―逆に海外の人が日本まで自転車を乗りに来るパターンもありますよね。自転車ブームの台湾からは、多くのサイクリストが来日していますし。
蜂須賀　私の地元の富士宮は富士山が近いので、たしかに外国人サイクリストは増えていますね。静岡に限らず、日本を巡っている外国人サイクリストは必ずと言っていいほど富士山に寄るので。
山﨑　日本の象徴ですものね。
―蜂須賀さんの旅先での楽しみというと？
蜂須賀　ちょっとした長旅になると、いかにお金をかけないかという旅をする方も少なくないと思うんですよ。でも、自分の場合は贅沢するわけじゃないですけど、知らない町の居酒屋で呑みながら美味しい物を食べたり、温泉に入ったり……そんな楽しみ方も含めて、自転車旅の醍醐味なのかなとは思っています。
―蜂須賀さんの自転車ライフは〝大人はこうでなきゃ〟というお手本のような気がしますね（笑）。なかなか、若い方には難しいとは思いますが、こういうサイクリストの方が増えると、地域も励みになるというか。
山﨑　地域経済も回りますよね。

ここ数年で変化を見せる自転車店の事情

―ショップを経営されていて、ここ数年で客層などに変化を感じられることはありますか？
御園井　まず、自転車ビギナーのお客さんがデパートでウィンドウショッピングをするかのように、さらっと来店するようになりましたね。
山﨑　たしかに。「自転車ってどんな感じなの？」という形で、興味を持ち始めたお客さんは本当に増えました。
―お客さんの年齢層の変化はいかがですか？
御園井　最近だと若い女性客の方が一人でいらっしゃるようになりましたよ。5～6年前だと友達や彼氏と来ていたのに。あと、ここ数年は定年間際の夫婦が安定して多いですね。それと面白いのが、年齢層の高い夫婦が一緒に自転車を始めると、意外と女性の方がその魅力にハマるようになるという（笑）。
―付き合いで始めた方がハマる、と（笑）。
御園井　今はそういった感じでお客さんの層が幅広いこともあって、〝これを置いていれば売れる〟っていうような自転車が無いんですよね。だからこそ、自転車屋はちゃんと対面販売をして、お客さんがどんなものを欲しがっているかを聞き出すことが大事だと思うんで

「ゆるゆる遠州」のガイドライドの模様。初・中・上級者別でサイクリストのニーズに合わせたコースが用意されている。

すが……。

山崎　今はインターネットの通販で購入する方も増えてきましたよね。一昔前は無かった最近の傾向でいうと、ネットで買った自転車のメンテナンスを頼みに来るお客さんも増えましたよ。もちろんお断りせずにやりますけど（笑）。

御園井　まあ、店によっては断りますからね。でも、そこで断ったことで万が一、その人が乗らなくなり、自転車人口が減る方が怖いですよね。あと、メンテナンスがきっかけで、店にとっては次に繋がる可能性もありますし（笑）。

——最近の売れ筋の自転車の価格帯は大体どの辺りですか？

山崎　ウチだとヘルメットなど、付属品を合わせて全部で20万円ぐらいですかね。

蜂須賀　ロードだとそのくらいですよね。クロスだともうちょっと安くなるかな？

御園井　そうやって自転車も昔に比べて種類が色々と細分化しているので、ショップとしても選び方みたいなものを紹介できればいいと思います。

——静岡の自転車ブームはまだまだ盛り上がりを見せているわけですが、全国的に見ても自転車が売れている県なんでしょうか？

山崎　通勤通学用としての自転車は売れているんじゃないですかね？

御園井　まあ、静岡は東西に広いので一概には言えないような気も……。

山崎　ああ、確かに静岡市なんかは完全に自転車で移動した方が便利ですけど、他の地域に行くとまた話は変わってきますよね。

御園井　まだまだ道の段差なんかも多いですし、自転車に優しい道作りが不十分なきらいはあると思います。そのあたりは今後の課題として、行政にも頑張っていただいて（笑）。

山崎　せっかく自転車ブームが来ている今だからこそ、もっと道路環境も追いついてほしいですね。

——道路行政も含めて、最近の自転車ブームを受けてイベントを運営している旅行代理店なども、少しサイクリスト視点が足りないような気はしますね。現在は多くのイベントが開催されているわけですし、特に質が問われてくるというか。

サイクリストに必要なマナーの見直しを

御園井　逆にサイクリスト側に関していえば、今後のキーワードになってくるのは〝モラル〟や〝マナー〟じゃないかなと思いますね。どこか、人に何かをやってもらうのが当たり前になっちゃっている風潮が少しあるかな、と。

山崎　いわゆる〝イベントサイクリスト〟が非常に増えましたよね。自転車人口が増えるのはいいことなんですけど、至れり尽くせりのサイクリングしかしたことが無い人も珍しくなくなってきて。

——これはサイクリストの底辺が広がったなと感じることでもあるんですけど、最近、リタイアが続出した大会があって、そのスタッフから聞いた話だとリタイアした方が、さも当たり前のようにスタッフに対して自転車の運搬を頼む、と。昔はリタイアすることが恥ずかしいことでもあったのに、そういう奥ゆかしさみたいなものが無くなってきているというか（苦笑）。

蜂須賀　そういう意味ではマナー啓蒙も含めて、今回のように自転車の楽しみ方を伝えるような本が作られるのはいいことだと思いますね。それに身近にコースガイドがあれば、「近くにこういうルートがあるなら走ろうかな」となって、続けていくうちに自転車仲間も増え、色々と情報交換をしたりアドバイスをもらったりして、サイクリストとして成長できるわけですし。

——静岡県は東部、中部、西部とそれぞれマーケットも地形も異なりますが、ショップや観光協会や行政、自転車を通して各地区の接点もどこかで生まれれば素晴らしいですよね。

御園井　静岡県は全域にわたって自然に恵まれているし、歴史上の史跡もたくさんあるので、県内を横断する「ツール・ド・静岡」ができるといいと思いますね。

——まずは多くの人にこのガイドブックを持って、自転車で旅して静岡の魅力を知っていただきたいですね。

座談会参加者

建設的な意見が交わされ、大いに盛り上がった座談会。写真は左から山崎清一さん（P96〜99・森町担当）、御園井智三郎さん（P110〜113・浜松担当）、蜂須賀守政さん（P32〜37・富士宮担当）。右端は司会進行役の静岡県サイクルツーリズム協議会事務局の佐藤雄一（コンセプト株式会社）さん。取材／2013年春、掛川市にて

[監修]　静岡県サイクルツーリズム協議会

[制作・デザイン]　TwoThree
出田　一
松坂　健
白木雄也
鈴木　佑
髙橋美緒

[撮影]　遠藤正樹（P50～52、P78～82、P86～90、P100～102、P104、P124、P127）
タイコウクニヨシ（P22～26、P114～116、P118）

[イラスト]　タナカユリ

しずおか自転車ツーリング

2013年7月13日　初版発行
2022年4月30日　第4刷発行

[編者]　静岡新聞社

[発行者]　大須賀紳晃

[発行所]　静岡新聞社
〒422-8033
静岡市駿河区登呂３丁目１番１号
電話　054-284-1666

[印刷・製本]　図書印刷株式会社

ISBN978-4-7838-1945-5　C0076

[制作協力]
新井武志さん、河村健一さん、桜井俊秀さん、鈴木渉さん、高柳光政さん、長島崇文さん、中野暁子さん、蜂須賀守政さん、花木健さん、松浦君裕さん、御園井智三郎さん、村松正規さん、山口正美さん、山﨑清一さん、山下康晴さん、渡邊久美子さん、コンセプト株式会社、アロハバイクトリップ、オオムラ自転車折戸店、サイクルランドちゃりんこ、なるおかサイクル、バイシクルわたなべ静岡パルコ店、ミソノイサイクル、Ciclista Viento、CYCLE KIDS、Gaya、ToxicWorks、静岡県観光協会、伊豆市観光協会、伊豆の国市観光協会、磐田市観光協会、御前崎市観光協会、掛川観光協会、函南町観光協会、菊川市観光協会、島田市観光協会、下田市観光協会、袋井市観光協会、藤枝市観光協会、松崎町観光協会、三ヶ日町観光協会、南伊豆町観光協会、森町観光協会

[Special Thanks!!]
太田宏信さん、太田美希さん、岡田美有紀さん、倉原卓也さん、小池香織理さん、鈴木絵美さん、竹内弓子さん、塚本直樹さん、戸田喜明さん、戸田明子さん、戸塚浩史さん、成岡喜之さん、藤田翔也さん、増田由美子さん、山本雄一郎さん、その他取材にご協力いただいた全ての皆様